Préface

Plus de vingt-cinq ans se sont écoulés depuis la parution d'un court volume de présentation de la vie et de l'œuvre de Machiavel. Le remarquable livre de J.R. Hale, *Machiavel and Renaissance Italy,* dont la première édition date de 1961, est le seul ouvrage auquel je puisse comparer mon propre travail si je ne retiens que le critère de la longueur du texte. Pendant ces vingt-cinq années, de nombreuses informations concernant la carrière et la pensée de Machiavel, qui étaient demeurées jusque-là inconnues, sont devenues accessibles et cela m'a déterminé à proposer cette nouvelle approche. Les découvertes bibliographiques faites durant cette période, la publication, pour la première fois, d'une édition critique des œuvres complètes, et l'arrivée d'une nouvelle génération d'exégètes qui n'a pas cessé de produire des commentaires originaux dont certains d'une très grande qualité, tout cela a constitué une avancée de la réflexion à laquelle je me suis référé tout au long de cet essai, m'en faisant ainsi très largement le débiteur.

Néanmoins, je me suis efforcé, parallèlement, d'asseoir, pour une large part, les fondements de cette présentation de la théorie politique de Machiavel sur les résultats de mes propres recherches. En me référant notamment aux travaux de Hans Baron, Felix Gilbert et J.G.A. Pocock, j'ai tenté de donner de Machiavel un portrait qui soit essentiellement celui du porte-parole d'une tradition humaniste bien spécifique au sein du républicanisme classique. En outre, j'ai été amené à soutenir que les aspects les plus originaux et les plus créatifs de sa conception de la politique deviennent plus compréhensibles si on les présente comme autant de réactions polémiques – parfois, sur le mode de la satire – à l'égard de l'ensemble des valeurs humanistes dont il avait hérité et auxquelles il continua fondamentalement de souscrire. Bien que mon intention première ait été d'offrir un tableau aussi objectif que possible de la pensée de Machiavel, j'espère que les spécialistes en ce domaine trouveront quelque intérêt à de telles considérations.

Lorsque je cite la *Correspondance (Lettere)* de Machiavel, ses *Rapports de légations (Legazioni e Commissarie)* et ce qu'il est convenu d'appeler les *Fantaisies (Ghiribizzi)*, il s'agit de mes propres traductions. Pour ce qui est des références faites aux autres œuvres, je les ai empruntées (avec l'aimable permission de son auteur) à l'excellente version anglaise d'Allan Gilbert : *Machiavelli : The Chief Works and Others* [1]. Les références à la *Correspondance* ou aux *Rapports de légations* sont identifiées par un « C. » ou un « L. » entre parenthèses accompagné de l'indication de la page d'où est extraite la citation. Lorsque je cite d'autres travaux de Machiavel, je fais en sorte qu'apparaisse clairement, dans le contexte, l'œuvre dont il s'agit et je donne simplement entre parenthèses le numéro de la page pour chaque citation. Tous les détails concernant les éditions que j'ai utilisées sont donnés dans la liste des « Œuvres de Machiavel citées dans le texte » que l'on trouvera à

1. Duke University Press, 1965, 3 vol.

la page 167. Les références concernant toutes les autres citations effectuées dans le corps du texte sont données dans la rubrique « Notes concernant les sources », p. 169.

En ce qui concerne les problèmes de traduction, je dois encore fournir deux précisions. D'une part, il m'est parfois arrivé de modifier la traduction de Gilbert, parce que je souhaitais faire apparaître plus nettement le sens de certaines tournures de phrases employées par Machiavel. D'autre part, je persiste à considérer qu'il est impossible de trouver, dans la langue anglaise contemporaine, un terme ou un ensemble de périphrases susceptibles de constituer une traduction satisfaisante du concept de *virtù* (du latin *virtus*), concept central de l'œuvre de Machiavel. C'est pour cette raison que j'ai conservé ce terme ou les expressions qui le contiennent dans leur forme originale tout au long du livre. Cela ne signifie évidemment pas que j'aie renoncé en quoi que ce soit à discuter du sens de ce concept ; bien au contraire, une grande partie de mon travail peut être considérée comme l'analyse de la signification que, selon moi, Machiavel donne à ce terme.

Les trois premiers chapitres de ce livre reprennent – sous une forme revue et abrégée – l'essentiel des leçons sur « La théorie politique de Machiavel » que j'ai données dans le cadre des « Conférences Carlyle » à l'université d'Oxford durant le premier trimestre de l'année universitaire 1980. J'adresse ma profonde reconnaissance à l'université d'Oxford, qui m'invita à donner cette série de conférences, à Nevil Johnson, qui en assura toute l'organisation, et enfin à All Souls College pour sa merveilleuse hospitalité.

Ma reconnaissance va également à Keith Thomas qui me suggéra de rédiger ce livre pour sa collection, et à Henry Hardy, d'Oxford University Press, pour son infinie patience, son aide et ses encouragements. Je les remercie tous deux d'avoir lu mon manuscrit et de m'avoir incité à le modifier en de nombreux points. Mes remerciements vont aussi aux responsables de Cambridge University Press qui m'ont autorisé à reproduire plusieurs phrases extraites des chapitres consacrés à la philosophie politique de la Renaissance dans le premier volume de mon livre, *The Foundations of Modern Political Thought*. Enfin ma plus profonde gratitude va à John Dunn, Susan James et J.G.A. Pocock, qui ont lu mon manuscrit avec une attention méticuleuse et l'ont discuté à chacune de ses étapes ; ils m'ont fait bénéficier de suggestions nombreuses et précieuses, et m'ont aidé de mille autres manières.

Q. S.

malheurs qu'a connus sa ville natale : elle avait en effet subi, au cours de la guerre contre Pise, une série d'humiliations dont la responsabilité incombait indubitablement aux commandants des armées mercenaires. Il convient de rappeler, à l'appui de cette hypothèse, que cette guerre ne fut pas marquée seulement par le désastre de la campagne de 1500, mais que la nouvelle offensive florentine de 1505 se conclut par un fiasco analogue : on vit les capitaines de dix compagnies de mercenaires se mutiner dès le début de l'assaut et, en une semaine, il fallut renoncer à l'offensive.

On l'a déjà noté, Machiavel avait été choqué de découvrir, lors de la débâcle de 1500, le mépris que professaient les Français pour l'incompétence militaire des Florentins, et plus spécialement pour leur incapacité à réduire la rébellion pisane. Après le nouvel échec de 1505, il prit l'affaire en main et mit au point un plan détaillé qui devait permettre à Florence de remplacer les armées mercenaires par une milice de citoyens. Le grand conseil accepta provisoirement cette idée en décembre 1505, et Machiavel fut autorisé à recruter dans le Mugello, au nord de Florence. En février de l'année suivante, il fut en mesure d'organiser le premier défilé de ses troupes à l'intérieur de la ville, événement qui suscita l'admiration du chroniqueur Luca Landucci, qui le retient « comme ayant été l'une des choses les plus belles que Florence ait conçues ». Au cours de l'été 1506, Machiavel écrivit les *Décrets pour l'institution de la milice florentine (Provvisione prima per le fanterie),* dans lesquels il souligne « combien peu d'espoir on peut placer dans les gens de l'étranger et dans les armes mercenaires », expliquant que dans ces conditions, la ville doit posséder des « armes qui [lui] soient propres et des hommes qui [lui] soient propres » (L. II, 74). A la fin de cette même année, le grand conseil fut finalement convaincu. Une nouvelle commission gouvernementale fut instituée – les Neuf de la milice – dont Machiavel devint le secrétaire et c'est ainsi que l'un des idéaux les plus prisés de l'humanisme florentin devint une réalité.

On pourrait supposer que l'enthousiasme de Machiavel pour sa milice ait quelque peu souffert après sa désastreuse prestation de 1512 où, partie défendre les murs de Prato, elle se retrouva hors de combat dès la première avancée de l'infanterie espagnole. En fait, son enthousiasme demeura intact. Un an plus tard, il assure aux Médicis, à la fin du *Prince,* qu'il leur est indispensable, « préalablement à toute autre chose », de faire en sorte que Florence puisse se défendre avec ses « propres armes » (P., 201). Lorsqu'il publie son *Art de la guerre (Dell'arte della guerra)* en 1521 – le seul de ses ouvrages concernant la théorie politique qui fut publié de son vivant –, il développe les mêmes arguments. La totalité du livre I est consacrée à la défense de la « conception d'une armée de citoyens » contre ceux qui ont émis des doutes sur son utilité. Bien sûr, concède Machiavel, de telles troupes sont loin d'être invincibles ; mais elles demeurent supérieures à n'importe quel autre type de force (A. G., 743). Et il conclut, non sans quelque excès, en affirmant que dire d'un homme qui réfute la thèse de la supériorité de l'armée populaire qu'il est avisé revient tout simplement à soutenir une contradiction (A. G., 742).

On comprend mieux, à la lumière de ce développement, pourquoi Machiavel se montra si impressionné par le chef militaire qu'était César Borgia, et pourquoi il soutint, dans *Le Prince,* qu'il ne saurait donner à un prince nouveau meilleur exemple que celui de la conduite du duc (P., 118). De fait, Machiavel était là, nous l'avons mentionné, lorsque le duc décida d'éliminer impitoyablement ses lieutenants mercenaires et de les remplacer par ses propres troupes. Cette audace stratégique semble avoir eu une influence déterminante sur Machiavel. On peut constater, en effet, qu'il se réfère d'emblée à cet exemple quand il aborde la question de la conduite à tenir sur le plan militaire dans le chapitre 13 du *Prince.* Il l'évoque alors comme une illustration remarquable des mesures que tout prince nouveau se doit d'adopter. Son admiration pour César Borgia s'appuie avant tout sur le fait que le duc a d'emblée compris combien les troupes mercenaires sont « douteuses et infidèles » et méritent d'être impitoyablement « supprimées » (P., 148). Et cette admiration devient presque de l'adulation sous prétexte que ce personnage a compris la leçon fondamentale que tout prince nouveau se doit de faire sienne s'il veut conserver son pouvoir : on ne doit se fier ni à la Fortune ni aux armes des autres, mais s'appuyer seulement sur « ses armes propres » et faire en sorte d'avoir « la pleine possession de ses troupes » (P., 148, cf. 120).

Un homme, des armes : tels sont les deux grands thèmes du *Prince.* Machiavel tient, en effet, à ce que les princes de son temps, loin de se contenter d'une armée robuste, soient convaincus, s'ils désirent parvenir au faîte de la gloire, d'avoir à cultiver les qualités nécessaires à l'exercice de la souveraineté. Les moralistes latins avaient proposé, en leur temps, une analyse de ces qualités qui eut un grand retentissement. Ils avaient fait valoir en premier lieu que tous les grands chefs devaient, d'une manière ou d'une autre, avoir de la chance. A moins, en effet, que la Fortune ne se décide à nous sourire, nous ne pouvons espérer atteindre nos objectifs les plus élevés par le seul moyen de nos efforts humains. Toutefois, nous l'avons déjà noté, les moralistes latins précisaient que certaines caractéristiques – celles que l'on peut regrouper autour de la notion de *virilité* – tendaient à attirer les faveurs de la Fortune et pouvaient, de ce fait, procurer la certitude presque absolue d'atteindre à l'honneur, à la gloire et à la renommée. Les idées qui sont à l'origine de cette conception sont remarquablement exposées par Cicéron dans ses *Tusculanes.* Il y explique que si le seul désir d'être vertueux dirige nos actes et que, si, dans notre quête de la gloire, nous n'avons aucune arrière-pensée, nous avons toute chance d'atteindre justement à cette gloire pour peu que la Fortune veuille bien nous sourire ; la gloire est donc bien la récompense de la *virtù.*

Les humanistes de la Renaissance italienne reprirent cette analyse sans la modifier en rien. Vers la fin du XVe siècle, notamment grâce aux nouveaux moyens d'impression, on vit se multiplier un *genre* [1] d'ouvrages d'inspiration humaniste destinés aux princes, dont la diffusion fut sans précédent. Des écrivains aussi distingués que Bartolomeo Sacchi, Giovanni Pontano ou Francesco Patrizi se mirent ainsi à rédiger des traités à l'intention des nouveaux princes, traités dont la construction reposait sur ce même précepte fondamental qui faisait de la *virtù* la clé du succès du prince. Pontano l'exprime on ne peut plus clairement dans son ouvrage sur *Le Prince :* tout souverain qui souhaite parvenir à de nobles fins « doit s'astreindre à suivre les directives de la *virtus* au cours de toute sa vie publique ». La *virtus* « est la chose du monde la plus admirable », plus admirable encore que le soleil puisque « les aveugles ne peuvent voir le

1. En français dans le texte.

soleil » alors « qu'ils peuvent voir la *virtus* sans la moindre difficulté ».

Machiavel reprend à son compte, sans rien y changer, ces conceptions des relations entre la *virtù,* la Fortune et la réalisation, par les princes, de leurs objectifs. C'est dans le chapitre 6 du *Prince* qu'il manifeste pour la première fois clairement cette allégeance à la philosophie humaniste, quand il explique que « dans les monarchies entièrement nouvelles, où il y a un prince nouveau, on trouve pour les conserver plus ou moins de difficultés, selon que celui qui les acquiert est plus ou moins *virtuoso* » (P., 113). Cette affirmation se trouve confirmée dans le chapitre 24, lorsqu'il s'agit d'expliquer « Pourquoi les princes d'Italie ont perdu leurs États » (P., 193). Machiavel insiste pour que les princes « n'accusent pas le sort » d'être responsable de leur disgrâce, car celui-ci ne « manifeste sa puissance » que lorsque les hommes de *virtù* se sont abstenus de mettre en place « une force organisée pour lui résister » (P., 195). Leurs échecs sont donc tout simplement dus au fait qu'ils n'ont pas su reconnaître le bien-fondé du principe qui veut que « seules sont bonnes [...] ces défenses qui dépendent de toi-même et de ta *virtù* » (P., 194). Enfin la fonction de la *virtù* est à nouveau mise en évidence dans cette « Exhortation » passionnée à libérer l'Italie que constitue la conclusion du *Prince.* Dans ce final, Machiavel revient sur l'exemple de ces chefs incomparables, Moïse, Cyrus et Thésée, déjà évoqués au cours du chapitre 6 pour leur « admirable *virtù* ». Il laisse entendre qu'il ne faudrait rien moins que la réunion de leurs extraordinaires capacités et de la plus grande Fortune pour que l'Italie puisse être sauvée. Et il ajoute, passant, dans une tonalité inhabituelle, de la flatterie à la dérision, que « l'illustre maison » des Médicis a le bonheur de posséder lesdites qualités :

elle a une *virtù* extraordinaire ; elle est immensément favorisée par la Fortune, et elle n'est pas moins « favorisée de Dieu et de l'Église » (P., 200).

On a souvent déploré que Machiavel ne nous ait laissé aucune définition de ce qu'était pour lui la *virtù*, et qu'il se soit même révélé (comme le dit Whitfield) « incapable de faire de ce terme un usage réglé ». En fait, c'est l'interprétation contraire qui devrait prévaloir aujourd'hui, tant il est évident qu'il utilise ce terme d'une façon absolument cohérente. Fidèle à l'enseignement de ses maîtres classiques aussi bien qu'à celui de ses professeurs humanistes, il considère la *virtù* comme la qualité qui confère à un prince la capacité de supporter les coups de la Fortune, celle de s'attirer les faveurs divines et d'atteindre ainsi aux sommets de la renommée, celle enfin de conquérir l'honneur et la gloire pour lui-même et la sécurité pour son état.

Reste à examiner, cependant, ce qui caractériserait un homme capable de *virtù*. Les moralistes latins nous ont légué une analyse complexe de ce concept de *virtù*, considérant qu'en général le véritable *vir* peut être défini par le fait qu'il possède trois types de qualités qui, bien que distinctes les unes des autres, ont cependant un lien entre elles. Ils estiment que cet homme doit d'abord être doté des quatre vertus « cardinales » que sont la sagesse, la justice, la fermeté et la modération – vertus que Cicéron (suivant en cela Platon) commence par distinguer dans les préliminaires des *Devoirs*. Mais ils estiment également que ce même homme de *virtù* doit posséder d'autres qualités qui seront, par la suite, considérées comme spécifiquement « princières ». La principale de ces qualités – la vertu centrale dans les *Devoirs* – est celle que Cicéron nomme « l'honnêteté », désignant par là la volonté de tenir ses engagements et de se comporter selon les règles de l'honneur à tout moment et avec tous. Cette exigence en appelle deux autres, décrites également dans les *Devoirs* mais que l'on trouve exposées de manière encore plus précise par Sénèque, qui consacre un traité spécial à chacune d'elles. L'une est la magnanimité du prince, elle fait l'objet du traité *De la clémence,* l'autre est la libéralité qui constitue l'un des sujets abordés par Sénèque dans son traité *Des bienfaits.* En définitive, le *vir,* dans ce qu'il a de plus essentiel, se distinguerait par son acharnement à faire tout ce qui lui est possible pour se conduire de la manière la plus vertueuse qui soit afin d'atteindre à l'honneur et à la gloire. Cette certitude que la rationalité est liée à l'observance des règles de la morale se retrouve au cœur des *Devoirs.* On peut lire dans le livre II que nombreux sont les hommes qui croient « qu'une chose peut être conforme à la morale sans pour autant être utile et qu'inversement une autre peut être utile sans pour cela respecter les règles morales ». Mais Cicéron précise qu'il s'agit là d'une illusion, puisque c'est seulement en suivant la voie de la morale que l'on peut espérer parvenir à réaliser ses désirs. Tout ce qui tenterait de nous convaincre du contraire n'est que tromperie puisque « l'utile ne peut être disjoint de la rectitude morale ».

Les miroirs princiers – on nomme encore ainsi ces traités écrits à l'intention des nouveaux princes – reprirent entièrement à leur compte cette conception. Leurs auteurs firent de cette analyse le fondement d'une hypothèse selon laquelle le concept central de *virtus* devait être relié à l'ensemble des vertus princières essentielles. Ils s'efforcèrent d'élargir et de détailler cet ensemble avec un sens des nuances tel que, dans un traité comme celui de Patrizi consacré à l'*Éducation du roi,* l'idée maîtresse de *virtus* se trouve décomposée en une série de près de quarante vertus morales qu'un prince doit acquérir. Par la suite, avec la même assurance, ces auteurs adoptèrent l'idée que seule une conduite rationnelle peut convenir à un prince et que semblable conduite ne peut être que morale ; leur argumentation à ce sujet est si convaincante qu'elle contribua à rendre proverbiale l'idée que « l'honnêteté constitue la meilleure politique ». En fin de compte, ils apportèrent leur contribution à l'objection chrétienne qui réfutait toute espèce de contradiction entre la recherche de l'efficacité et les exigences morales. Ils n'hésitèrent pas, en effet, à dire que même si l'on parvenait à ses fins en commettant des injustices au cours de la vie terrestre, on devait s'attendre, une fois confronté au jugement divin, à perdre ces avantages.

A parcourir tous les traités de morale écrits par les contemporains de Machiavel, on retrouve les mêmes arguments, inlassablement répétés. Mais dès que l'on ouvre *Le Prince,* on s'aperçoit que cette morale humaniste est, d'un coup, brutalement contredite. Le renversement commence dans le chapitre 15, lorsque Machiavel entreprend de discuter des qualités et des défauts des princes. Il nous avertit que, sachant « que beaucoup ont écrit là-dessus », il va s'écarter « du chemin suivi par les autres » (P., 155). Il fait d'abord allusion aux lieux communs les plus habituels de la tradition humaniste, à l'idée qu'il y aurait un ensemble de vertus spécifiques aux princes, que l'on trouverait dans cet ensemble le devoir d'être libéral, clément et digne de confiance, et qu'enfin tout prince aurait le devoir de développer ces qualités. Puis il concède – toujours dans la droite ligne de l'enseignement humaniste – « qu'il serait bon » pour un prince d'être capable d'agir ainsi à tout instant. Mais tout à coup, sans la moindre réserve, il réfute le principe humaniste fondamental selon lequel un prince se devrait d'acquérir ces vertus s'il veut atteindre ses objectifs les plus nobles. Il va dès lors considérer ce principe – véritable plaque sensible des miroirs princiers de la tradition humaniste – comme une erreur manifeste et désastreuse. Il est pleinement d'accord sur la nature des objectifs à atteindre : tout prince doit avoir pour but de conserver son État et de se couvrir de gloire. Mais il fait valoir que, s'il veut atteindre de tels résultats, aucun prince ne pourra « avoir, ni observer entièrement » toutes ces qualités qui sont ordinairement « tenues pour bonnes » (P., 156). Tout prince se trouve placé dans la position de quelqu'un qui s'efforcerait de protéger ses intérêts dans un monde hostile composé d'hommes qui pour la plupart ne sont « pas bons ». Il s'ensuit que si un prince veut « faire profession d'homme de bien » parmi tant d'autres qui ne le sont pas, non seulement il échouera à réaliser de « grandes choses », mais il ne pourra « éviter d'être détruit » (P., 155).

Pour être simple, la critique machiavélienne de l'humanisme classique aussi bien que contemporain n'en est pas moins dévastatrice. Elle consiste en effet à dire que si un prince veut atteindre ses objectifs les plus élevés, il va devoir réaliser qu'il n'est pas toujours raisonnable de se conformer aux règles morales ; bien au contraire, il va devoir découvrir que toute tentative cohérente « d'observer toutes ces choses pour lesquelles les hommes sont tenus pour bons » va se traduire par une politique déraisonnable parce que ruineuse (P., 166). Mais que devient l'objection chrétienne qui veut que le ralliement à cette thèse relève aussi bien de la folie que de l'abomination puisqu'elle revient à oublier le jour du Jugement dernier où seront condamnées toutes les injustices ? Sur ce point, Machiavel demeure muet. Mais replacé dans le contexte de l'époque, ce silence est éloquent ; il ne manqua pas en effet de rencontrer un écho dans toute l'Europe chrétienne, la plongeant d'abord dans la stupeur, puis donnant naissance à une clameur réprobatrice qui ne s'est en définitive jamais éteinte.

Si les princes ne doivent pas se conduire selon les règles de la morale conventionnelle, comment doivent-ils procéder ? La réponse de Machiavel – quintessence de ses conseils adressés aux nouveaux princes – est donnée au début du chapitre 15. Un prince avisé sera guidé avant tout par ce que lui dicte la nécessité : « s'il veut se maintenir », un prince doit « apprendre à pouvoir n'être pas bon, et [...] en user et n'user pas » selon ce que les circonstances lui imposent (P., 155). Trois chapitres plus loin, cette doctrine fondamentale se trouve répétée. Un prince avisé doit ne pas « s'écarter du bien s'il le peut » mais il doit « savoir entrer dans le mal, s'il le faut » (P., 167). Plus précisément encore, le prince nouveau doit accepter de pouvoir être « souvent contraint [...] d'agir contre la foi, contre la charité, contre l'humanité, contre la religion » s'il veut « maintenir l'État » (P., 166).

Comme nous l'avons vu, l'importance déterminante de cette conception s'était imposée à Machiavel dans les premiers temps de sa carrière diplomatique. A la suite d'une conversation avec le cardinal de Volterra en 1503, puis deux ans plus tard, en parlant avec Pandolfo Petrucci, il commence à comprendre combien il pouvait être important de ne pas oublier que la clé du succès pour un homme d'État dépend de sa capacité à analyser les composantes d'une conjoncture, de son aptitude à se plier à ce que lui impose la nécessité du moment, de son habileté à mettre ses actions en harmonie avec la conjoncture. Cela devait par la suite devenir son credo en matière de politique. Un an après que Pandolfo lui eut donné cette recette du succès à l'usage des princes, nous retrouvons Machiavel tout occupé à mettre en forme et à s'approprier ces mêmes idées. Alors qu'il séjourne à Pérouse en septembre 1506, il observe les étonnants progrès de la campagne de Jules II, et s'attarde à réfléchir, dans une lettre à son ami Giovan Soderini, sur les raison d'un triomphe ou d'un désastre dans le domaine civil ou militaire. « La Nature, déclare-t-il, a donné aux hommes divers esprits et diverses fantaisies » et « il en résulte que chacun se comporte selon son génie et sa fantaisie ». Mais comme « les temps et les [...] conjonctures changent sans cesse » et que « les hommes ne modifient point leurs fantaisies ni leurs façons de se comporter, il s'ensuit » que les hommes rencontrent « la Fortune, un jour amie, un jour ennemie ». La conclusion s'impose : si un homme souhaite avoir toujours la Fortune pour amie, il doit être assez sage pour « se régler » sur le temps et les circonstances. Bien sûr, si les hommes étaient capables « de commander [ainsi] à leur nature » et de régler leur façon de procéder en fonction « du temps et de la conjoncture propices », alors « se trouverait vérifié le dicton qui dit que le sage commande aux astres et aux destins » (L. II, 327).

Sept ans plus tard, alors qu'il écrit *Le Prince,* Machiavel reprend pratiquement mot pour mot, dans le chapitre où il traite du rôle de la Fortune dans les affaires humaines, cet ensemble de considérations qu'il qualifie lui-même, non sans quelque dérision, de *Fantaisies.* Chacun, dit-il, est enclin à suivre sa pente naturelle : l'un agit « avec circonspection, l'autre avec impétuosité, l'un par violence, l'autre avec habileté » (P., 196). Mais dans l'intervalle, « les temps et les choses tournent » de telle façon qu'un prince qui « ne change pas de façon de procéder » se trouve condamné à rencontrer tôt ou tard la malchance. Toutefois, si le prince pouvait changer « de nature avec le temps et les choses, la Fortune ne changerait pas » (P., 197). On peut donc en conclure que le prince victorieux sera toujours celui « dont la façon de procéder répond aux caractères du temps » (P., 196).

Il est donc parfaitement clair à présent que Machiavel fait subir à la tradition du *genre* [1] miroir princier une véritable révolution, dont la ligne directrice est la redéfinition du concept central de *virtù*. Il reprend certes à son compte la conception conventionnelle qui appelle *virtù* la somme des qualités qui permettent au prince de faire alliance avec la Fortune pour obtenir l'honneur, la gloire et la renommée. Mais par ailleurs, il rompt le lien qui existait entre le sens de ce terme et l'ensemble des vertus cardinales princières. Il fait valoir que, contrairement aux idées en vigueur, la caractéristique principale d'un prince qui possède la *virtù* réside dans la détermination qu'il met à accomplir ce que lui dicte la nécessité – que l'action qui en résulte soit mauvaise ou vertueuse – et cela afin de parvenir à la réalisation de ses idéaux les plus élevés. La *virtù* devient par conséquent le terme par lequel on désigne avec précision les éléments qui constituent la souplesse de caractère d'un prince : il faut « qu'il ait un esprit disposé à tourner selon que les vents de la Fortune et les variations des choses le lui commandent » (P., 166).

Usant de l'ironie la plus féroce, Machiavel s'efforce de souligner que cette conclusion creuse un fossé infranchissable entre la position qu'il est ainsi amené à défendre et l'ensemble de la tradition humaniste en matière de pensée politique. Pour les moralistes classiques en effet, ainsi que pour leurs innombrables adeptes, la vertu morale définissait par excellence le *vir*, l'homme dans

1. En français dans le texte.

toute sa virilité. Renoncer à la vertu n'était donc pas seulement un acte déraisonnable, mais revenait à abandonner le statut d'homme pour s'abaisser jusqu'au niveau de l'animal. Ainsi que l'indiquait Cicéron dans le premier livre des *Devoirs,* il y a deux manières de faire le mal : on peut le faire par la force ou par la tromperie. Les deux, dit-il, « sont bestiales » et « totalement indignes de l'homme » – la force parce qu'elle symbolise le lion, la ruse parce qu'il « semble bien qu'elle appartienne au renard ».

Différence notable, il semble évident que pour Machiavel la virilité ne suffit pas. Il y a effectivement deux manières d'agir, nous dit-il au début du chapitre 18, « la première est propre à l'homme, la seconde est celle des bêtes ». Mais « comme la première, très souvent, ne suffit pas, il convient, de recourir à la seconde » (P., 165). Quels animaux convient-il d'imiter ? C'est l'une des choses qu'un prince doit absolument savoir. Selon le conseil devenu célèbre de Machiavel, un prince ne pourra qu'être meilleur si, parmi les bêtes, il choisit comme modèle « le renard et le lion », complétant ainsi ses idéaux les plus nobles par l'adjonction de ces arts indispensables que sont la force et la ruse. Cette conception se trouve de nouveau soutenue dans le chapitre suivant où Machiavel évoque l'un de ses personnages historiques préférés, l'empereur romain Septime Sévère. Ce faisant, il commence par nous dire que l'empereur était « un homme d'une très grande *virtù* » (P., 174). Puis, explicitant ce jugement, il ajoute que les grandes qualités de Septime Sévère étaient comparables à celles d'« un lion très féroce et [d']un renard très rusé », ce qui permet de comprendre pourquoi il était « craint et révéré de chacun » (P., 175).

Machiavel clôt son propos avec élégance en indiquant les grandes lignes de conduite que l'on est en droit d'attendre d'un prince véritablement *virtuoso.* Au cours du chapitre 19, il aborde cette question par la négative, soulignant qu'un tel prince ne devra jamais rien accomplir qui puisse faire qu'on le méprise et qu'il devra mettre toujours le plus grand soin « à éviter ces choses qui le feraient haïr » (P., 169). Les considérations positives sont ensuite énumérées au cours du chapitre 21. Un prince véritablement *virtuoso* devra toujours agir « sans aucun ménagement » à l'égard de ses alliés comme à l'égard de ses ennemis, il se mettra audacieusement en avant et se découvrira « gaillardement en faveur d'une partie ». Simultanément, il se présentera avec autant de majesté que possible devant ses sujets, il leur montrera comment il accomplit de « grandes choses », et fera en sorte qu'ils soient toujours tenus « en suspens et étonnement, en attente de leur issue » (P., 185, 187).

A la lumière de cette analyse, on peut aisément comprendre pourquoi Machiavel manifestait tant d'admiration pour César Borgia, pourquoi il aimait tant le présenter – malgré ses limites évidentes – comme un modèle de *virtù* pour les autres princes. César Borgia avait montré, en une occasion terrifiante, qu'il avait parfaitement compris combien il était important pour un souverain de savoir éviter que le peuple le haïsse et de faire en sorte qu'il continue néanmoins à le redouter. C'était, on s'en souvient, le moment où César Borgia réalisa que ses possessions de Romagne, dont le gouvernement était aux mains capables mais tyranniques de Rimirro de Orco, allaient être pour lui une source très sérieuse de danger, parce qu'il devenait l'objet de la haine des habitants vivant sous son autorité. Comme nous l'avons noté, Machiavel fut le témoin oculaire du sang-froid avec lequel Borgia sut résoudre ce problème par l'exécution sommaire de Rimirro et l'exposition de son corps dans le jardin public, assouvissant ainsi la colère du peuple.

La conviction de Machiavel qu'ii faut absolument éviter d'être haï et méprisé par le peuple pourrait bien dater de cet événement. Quoi qu'il en soit, et même si l'on peut soutenir que l'action du duc ne fit que conforter son propre sens des réalités politiques, il n'en reste pas moins vrai que cet épisode l'impressionna profondément. Lorsqu'il en vint plus tard à évaluer dans *Le Prince* les effets de la haine et du mépris, c'est précisément cet incident qu'il évoqua pour illustrer son propos. Il dit alors clairement que cette action de Borgia lui était apparue, à la réflexion, comme rigoureusement juste. Elle supposait de la résolution et demandait du courage ; elle aboutissait exactement à l'effet recherché puisqu'elle laissait le peuple « à la fois content et stupéfait » et permettait en même temps de « purger les esprits » de la haine engendrée (P., 120, 121). Usant de son ton le plus glacial pour conclure sur ce point, Machiavel fait remarquer que la conduite du duc lui paraît constituer comme à l'accoutumée « un point qui est digne d'être connu et d'être imité par d'autres » (P., 120).

Une nouvelle éthique

Machiavel a parfaitement conscience que son analyse de la *virtù* princière soulève quelques difficultés. Il en cerne la plus importante au cours du chapitre 15, sous la forme d'un dilemme : un prince, dit-il, doit d'une part « apprendre à pouvoir n'être pas bon » et savoir en user ainsi chaque fois que la nécessité lui en fait loi ; mais, d'autre part, il doit veiller à ne pas être réputé cruel car un tel renom pourrait aller jusqu'à lui faire « perdre son État » au lieu de le préserver (P., 155, 156). Le problème consiste donc à éviter d'apparaître comme quelqu'un de cruel même lorsque l'on ne peut pas éviter de se comporter cruellement.

En fait, le dilemme est encore bien plus terrible, puisque le véritable but du prince n'est pas de se limiter à la seule consolidation de sa position, mais, à l'évidence, de rechercher l'honneur et la gloire. Que cette exigence ait pour effet d'accroître la difficulté de la situation dans laquelle se trouve tout nouveau prince, c'est ce qu'indique Machiavel en évoquant le destin d'Agathocles, le tyran de Sicile. Agathocles, nous dit-on, « mena toujours, à tous les moments de sa vie, une existence scélérate », sa « bestiale cruauté » et son « inhumanité » étaient célèbres. Cette réputation lui rapporta cependant un immense succès, puisqu'elle lui permit, en dépit d'une origine « infime et abjecte », de devenir roi de Syracuse et de le demeurer « sans aucune controverse civile ». Mais Machiavel, en une phrase profondément révélatrice, nous met en garde : des cruautés perpétrées de façon aussi éhontée peuvent mener « au pouvoir, non à la gloire ». Bien qu'Agathocles se soit montré capable de conserver son pouvoir par de tels moyens, on ne peut dire « que ce soit *virtù* » de les employer ; ils « ne permettent pas qu'il soit célébré parmi les plus excellents personnages » (P., 125, 126).

Au terme de cette discussion, Machiavel refuse d'admettre que l'on puisse résoudre ce dilemme en posant des limites strictes à la cruauté des princes ou en recommandant à ces mêmes princes d'avoir un comportement honorable envers leurs sujets et leurs alliés. C'est même très exactement ce à quoi il faut renoncer, car les hommes de tous les temps « sont ingrats, changeants, simulateurs et dissimulateurs, ennemis des dangers, avides des gains » au point que « le prince qui [se serait] entièrement reposé sur leurs paroles se trouv[erait] dénué d'autres préparatifs, [et] succombe[rait] » (P., 162). On doit donc en conclure « qu'un prince, et surtout un prince nouveau », se trouvera souvent – et pas seulement occasionnellement – contraint par la nécessité d'agir « contre l'humanité » s'il veut conserver son pouvoir et éviter d'être vaincu (P., 166).

Ces difficultés sont bien réelles, mais peuvent être surmontées. Pour cela, le prince doit essentiellement se rappeler que s'il n'est pas nécessaire qu'il possède toutes les qualités que l'on considère généralement comme bonnes, il lui est « bien nécessaire de paraître les avoir » (P., 166). Il est bon d'être tenu pour libéral, il convient de passer pour clément et de ne pas avoir la réputation d'homme cruel ; il est en fin de compte essentiel d'être « excellent et révéré par les siens » (P., 157, 161, 170). La solution consiste donc à devenir « grand simulateur et dissimulateur » et à apprendre comment « manœuvrer par ruse la cervelle des gens » afin que vos allégations soient pour eux crédibles.

Machiavel reçut, très tôt, une leçon en matière de manipulation des cervelles humaines. On se souvient qu'il avait assisté au développement du conflit entre César Borgia et le pape Jules II lors des derniers mois de l'année 1503, et il est évident que les observations qu'il eut alors tout loisir de faire demeuraient encore très présentes à son esprit lorsqu'il aborda la question de la dissimulation dans *Le Prince.* Il fait d'ailleurs immédiatement référence à cet épisode dont il fut le témoin, et s'en sert comme d'un exemple privilégié lorsqu'il est question d'illustrer l'idée qu'il convient de toujours demeurer sur ses gardes face à la duplicité princière. Jules II, rappelle-t-il, parvint si bien à dissimuler sa haine de Borgia qu'il poussa le duc à commettre l'erreur fatale de croire « que chez les grands personnages les bienfaits nouveaux [peuvent faire] oublier les vieilles injures ». Il fut donc capable de mettre son pouvoir de dissimulation au service d'une cause décisive. Une fois élu au trône pontifical grâce au soutien sans réserve que lui avait apporté Borgia, il fit paraître aussitôt ses véritables sentiments, se retourna contre le duc et causa ainsi « sa ruine finale » (P., 123). En cette occasion, Borgia manifesta son aveuglement et Machiavel considère qu'il mérita d'être sévèrement blâmé pour s'être à ce point trompé. Il aurait dû savoir que l'art de la manipulation des hommes fait partie de l'arsenal que se doit de posséder tout prince, s'il désire vaincre.

Machiavel, cependant, ne pouvait ignorer qu'en se faisant ainsi l'apôtre d'un art de la tromperie présenté comme clé du succès, il courait le risque de paraître spécieux. Les moralistes les plus orthodoxes s'étaient confrontés depuis toujours à cette position qui faisait de l'hypocrisie le plus court chemin pour accéder à la gloire, mais ils avaient toujours pris le parti de considérer ce genre de solution comme inacceptable. Cicéron, par exemple, n'avait explicitement discuté cette idée dans le livre II des *Devoirs* que pour la rejeter, car il la considérait comme une absurdité manifeste. Quiconque, déclare-t-il, « croit que par une simulation [...] on puisse acquérir une renommée solide se trompe lourdement ». La raison en est que « la gloire véritable pousse des racines et gagne du terrain » alors même que « tout ce qui est feinte tombe vite comme tombent les fleurs sèches ».

Machiavel, une nouvelle fois, use de son style le plus

ironique pour combattre ces beaux sentiments. Il souligne, dans le chapitre 18, que la pratique de l'hypocrisie n'est pas seulement indispensable à un prince dans l'exercice du pouvoir mais qu'elle peut être soutenue aussi longtemps que cela se révèle nécessaire sans qu'il y ait lieu d'en craindre des conséquences néfastes. A l'appui de cette thèse délibérément provocatrice, Machiavel donne deux raisons. L'une consiste à dire que la plupart des hommes sont à ce point naïfs et, surtout, enclins à s'illusionner que, tout naturellement, ils prennent ce qu'on leur dit pour argent comptant sans faire preuve du moindre esprit critique (P., 166). L'autre pose que même les plus perspicaces des observateurs ne manquent pas de donner dans le panneau des apparences chaque fois qu'il s'agit d'évaluer la conduite des princes. Isolée de la multitude, protégée par la « majesté de l'État », la position du prince est telle que « chacun voit ce que tu parais » mais « peu perçoivent ce que tu es » (P., 167). Il n'y a par conséquent, pour un prince, aucune raison de supposer que ses fautes puissent être découvertes ; bien au contraire, un prince « qui trompe trouvera toujours qui se laissera tromper » (P., 166).

Le dernier point que Machiavel entreprend de discuter concerne l'attitude que nous devrions avoir à l'égard des nouvelles règles qu'il vient d'essayer de nous inculquer. A première vue, il semble adopter une position qui s'accorde avec la morale conventionnelle. Dans le chapitre 15, il accepte l'idée « que ce serait une chose tout à fait louable » pour un prince nouveau de faire preuve de toutes ces qualités qui sont normalement tenues pour bonnes, et il établit une équivalence entre l'abandon des vertus princières et le fait d'apprendre à « n'être pas bon » (P., 156, 155). C'est à cette même échelle de valeurs qu'il se réfère dans le célèbre chapitre intitulé « Comment les Princes doivent garder leur foi ». Machiavel commence par y affirmer que chacun comprend à quel point il est estimable qu'un prince vive « avec droiture et non avec ruse » (P., 165) et poursuit en insistant sur le fait qu'un prince ne doit pas seulement paraître naturellement vertueux, mais doit « de nos jours » faire en sorte de « ne pas s'écarter du bien s'il le peut » et ne s'éloigner des vertus que lorsqu'il y est contraint par la nécessité (P., 167).

Cependant, deux arguments très différents ont été avancés dans le cours du chapitre 15, chacun d'eux se trouvant développé par la suite. Tout d'abord, Machiavel raille l'habitude que l'on a de dire de certaines qualités – considérées comme bénéfiques alors qu'elles ont des conséquences ruineuses – qu'elles méritent le nom de vertus. Dans la mesure où ces qualités ont plutôt pour effet d'entraîner la destruction, il préfère en parler comme de choses qui « paraîtront vertu » ; inversement, dans la mesure où leurs contraires semblent plus à même de garantir au prince « sa sécurité et son bien-être », il préfère les dire choses qui « paraîtront vice » (P., 156).

Cette suggestion est développée au cours des deux chapitres suivants. Le chapitre 16, intitulé « De la libéralité et parcimonie », reprend un thème qui fut traité par tous les moralistes classiques, mais l'aborde de manière diamétralement opposée. Lorsque Cicéron, dans les *Devoirs,* discute de la libéralité considérée comme une vertu, il la définit comme la marque du désir « de n'être en rien suspecté de mesquinerie » et comme la conscience qu'il n'est pas de vice plus destructeur pour un chef politique que l'avarice et la parcimonie. Machiavel rétorque que si l'on nomme cela libéralité, il s'agit d'un vice et non pas d'une vertu. Il fait valoir qu'un prince qui souhaite ne pas avoir la réputation d'être parcimonieux devra découvrir qu'il « est nécessaire de ne négliger aucune sorte de magnificence ». Il s'apercevra alors que cela le conduit à « grever ses peuples de façon extraordinaire » afin de financer sa générosité, et qu'une telle politique aura tôt fait de « le rendre odieux aux sujets ». A l'inverse, s'il commence par renoncer à toute prétention d'agir avec autant de magnificence, peut-être sera-t-il traité de ladre à l'extérieur, mais « avec le temps il sera de plus en plus tenu pour libéral » et pratiquera en fait la véritable vertu de libéralité (P., 157).

Un paradoxe de même nature est mis en évidence au cours du chapitre suivant, intitulé « De la cruauté et pitié ». Ce thème fut lui aussi l'un des plus prisés par les moralistes latins, et c'est Sénèque, dans son essai sur *La Clémence,* qui en a laissé l'analyse la plus célèbre. Selon Sénèque, un prince clément cherche toujours à montrer « combien il répugne à mettre son bras » au service du châtiment ; il ne s'y résoudra que si « des méfaits importants se reproduisent au point d'abuser de sa patience » ; il ne punira alors « qu'avec la plus grande réticence » et après avoir beaucoup « cherché à temporiser », témoignant ainsi de la plus grande clémence possible. Confronté à cette orthodoxie, Machiavel fait une fois de plus remarquer qu'elle conduit à un malentendu total. Si vous commencez par essayer d'être clément, dit-il, et que vous laissez ainsi « se poursuivre les désordres » et ne recourez à la sanction qu'après qu'ont eu lieu « meurtres et rapines », votre conduite sera beaucoup moins clémente en réalité que celle d'un prince qui a le courage de commencer par donner « très peu d'exemples de cruauté ». Machiavel cite ainsi l'exemple des Florentins qui cherchèrent à « éviter le nom de cruel[s] » dans une circonstance précise et qui agirent pour cela de telle manière qu'il s'ensuivit la destruction d'une cité tout entière – conséquence plus cruelle que n'importe quelle cruauté qu'ils eussent pu imaginer. On peut à l'inverse évoquer le comportement de César Borgia, qui « était tenu pour cruel », mais qui sut si bien se servir de ce « mauvais renom de cruel » qui était le sien qu'il put « rassemble[r] la Romagne », la réunifier et la ramener à la « paix [et à] la fidélité », parvenant à ce résultat flatteur grâce à ce que l'on nommait ses vices (P., 161).

Donnant toujours le sentiment qu'il a bien conscience de manier le paradoxe, Machiavel passe immédiatement à l'énoncé d'une question très voisine de la précédente : il se demande « s'il est meilleur d'être aimé que craint » (P., 162). Sur ce point encore la réponse classique avait été donnée par Cicéron dans les *Devoirs*. « Se faire craindre ne constitue rien d'autre qu'une défense fragile face au risque de perdre le pouvoir », alors qu'être aimé « constitue une protection indestructible ». Machiavel est de nouveau en désaccord total avec lui. « Il est beaucoup plus sûr » pour un prince, explique-t-il, « d'être craint [que d'être] aimé ». En effet, bien des raisons qui font qu'on aime un prince font aussi qu'on le méprise. Si vos sujets n'ont aucune « peur du châtiment », ils ne manqueront aucune occasion de vous trahir à leur profit. Mais si vous vous êtes fait craindre, ils hésiteront à vous offenser et à vous injurier et vous vous trouverez alors plus à l'aise pour maintenir votre pouvoir (P., 162).

Tout le reste de l'argumentation développée dans ces chapitres va dans le même sens, celui d'un rejet toujours plus accentué de la morale humaniste conventionnelle. Machiavel suggère même que si les qualités habituellement considérées comme bonnes sont effectivement des vertus, au point qu'un prince qui les néglige risque fort de sombrer dans le vice, il ne doit pas se défier du vice s'il lui apparaît utile ou sans conséquence pour la conduite de son gouvernement (P., 155).

En ce point du raisonnement, le souci principal de Machiavel est de rappeler aux nouveaux princes leur devoir le plus fondamental. Un prince avisé n'aura « cure d'encourir le mauvais renom des vices sans lesquels il pourrait difficilement sauvegarder l'État » ; il s'apercevra que des critiques de cette sorte sont inévitables, qu'elles constituent tout simplement le prix qu'il doit payer pour s'acquitter de son devoir le plus fondamental : celui, évidemment, de sauvegarder son État (P., 156). Ces considérations sont d'abord confrontées au soi-disant vice que serait la parcimonie. Dès qu'un prince avisé réalise que l'avarice est « [l'] un de ces vices qui le font régner », il fait « peu de cas d'encourir le nom de ladre » (P., 158). Le même raisonnement vaut pour la cruauté. La détermination à agir en certaines occasions avec une sévérité exemplaire est essentielle si l'on veut maintenir l'ordre, civil ou militaire. Cela signifie qu'un prince avisé « ne se soucie pas d'avoir le mauvais renom de cruel », et qu'il lui « est tout à fait nécessaire de ne se soucier point du nom de cruel » s'il est chef militaire, « car sans ce nom » il ne pourra jamais espérer conserver son armée « unie et prête à toute opération » (P., 161, 163).

Enfin, Machiavel en vient à se demander dans quelle mesure il est important, pour un prince qui veut sauvegarder son pouvoir, de renoncer aux vices bénins ainsi qu'aux péchés de la chair. Les auteurs des miroirs princiers abordaient généralement cette question sous l'angle de la morale la plus rigoureuse, se faisant ainsi l'écho des accents qu'avait Cicéron dans le livre I des *Devoirs*, pour dire que la décence est « intrinsèque à la rectitude morale » et que, par conséquent, quiconque se trouve en position d'autorité doit éviter tout écart de conduite dans sa vie privée. De manière on ne peut plus contrastée, Machiavel répond à la question posée par un haussement d'épaules. Un prince avisé cherchera, « s'il lui est possible », à se protéger de tels vices, mais s'il voit que cela ne se peut pas, alors « il peut avec moins de réserve s'y laisser aller », sans se laisser troubler par des soucis aussi secondaires (P., 156).

3
Le philosophe de la liberté

Après avoir terminé la rédaction du *Prince,* Machiavel recommença à croire à son possible retour aux affaires de l'État. Ainsi qu'il l'écrit à Vettori en décembre 1513, son désir le plus cher demeurait « que ces Médicis se décident à [l'] employer, dussent-ils commencer par [lui] faire rouler un rocher » (L. II, 370). Le problème était de savoir si le moyen le plus efficace de réaliser cette ambition ne consistait pas à se rendre à Rome avec son « opuscule » en poche pour l'offrir, en personne, à Giuliano de Médicis afin de lui montrer « qu'il dev[r]ait avoir à cœur de se servir d'un homme nanti d'une telle expérience » (L. II, 370).

Dans un premier temps, Vettori sembla disposé à appuyer une telle démarche. Il répondit à Machiavel en lui demandant de lui envoyer le livre afin de voir « s'il convenait ou non de le présenter au magnifique Giuliano » (L. II, 374). Lorsque Machiavel lui envoya la copie définitive des premiers chapitres, Vettori lui annonça : « Ils sont fort de mon goût », mais ajouta prudemment : « Je ne veux pas formuler mon jugement avant d'avoir l'ouvrage entier » (L. II, 378).

Il devint vite clair cependant qu'une fois encore, les espoirs de Machiavel allaient demeurer vains. Après avoir lu l'intégralité du *Prince* au début de 1514, Vettori répondit par un silence de mauvais augure. Il ne fit plus aucune référence à l'ouvrage et, bien au contraire, commença à meubler ses lettres par un aimable bavardage sur ses plus récentes affaires amoureuses. Bien qu'il se forçât à lui répondre sur le même ton, Machiavel masquait difficilement une inquiétude croissante. Vers le milieu de l'année, il finit par comprendre qu'il n'y avait plus rien à espérer, et c'est avec une grande amertume qu'il écrivit alors à Vettori pour lui dire qu'il abandonnait la lutte. Il m'est devenu évident, déclare-t-il, que « je vais donc rester ainsi dans ma pouillerie, sans trouver une âme qui se souvienne de mes loyaux services ou qui croie que je puisse être bon à [quelque chose] » (L. II, 390).

Après cette déconvenue, la vie de Machiavel se métamorphosa. Abandonnant tout espoir d'une nouvelle carrière diplomatique, il se considéra de plus en plus comme un homme de lettres. Le signe essentiel de cette nouvelle orientation fut qu'après plus d'une autre année passée « à moisir dans l'oisiveté », il commença à prendre une part éminente aux réunions que tenait régulièrement un groupe d'humanistes et de lettrés dans les jardins de Cosimo Rucellai, situés dans les faubourgs de Florence, réunions où alternaient conversations futiles et discussions sérieuses.

Pour une part, ces discussions des Orti Oricellari portaient sur des sujets littéraires. On y discutait des mérites respectifs du latin et de l'italien comme langues littéraires, on y faisait des lectures publiques et l'on y représentait parfois des pièces. Cette activité amena Machiavel à orienter son énergie créatrice dans une toute nouvelle direction : il décida d'écrire lui aussi une comédie. Ainsi naquit *La Mandragola,* une comédie brillante et plutôt salace sur l'art de séduire la jeune et jolie femme d'un vieux juge. La première version de la pièce fut probablement achevée en 1518 et peut fort bien avoir été lue aux amis de Machiavel dans les Orti avant d'être jouée pour la première fois en public à Florence et à Rome au cours des deux années suivantes.

Il est bien évident, cependant, que de toutes les discussions qui se déroulaient aux Orti, les plus animées concernaient la politique. Comme Antonio Brucioli, l'un des participants à ces réunions, le raconta plus tard dans ses *Dialogues,* on ne cessait de discuter du destin des régimes républicains : comment parviennent-ils à la grandeur, comment conservent-ils leurs libertés, comment déclinent-ils et comment sombrent-ils dans la corruption, comment, enfin, en arrivent-ils inexorablement à s'écrouler ? Il semble bien que cet intérêt pour les libertés civiques n'ait pas seulement fait l'objet de discussions. Quelques membres du groupe en vinrent à manifester une telle passion dans leur opposition à la « tyrannie » restaurée par les Médicis qu'ils se retrouvèrent mêlés au complot de 1522 qui visait à assassiner le cardinal Giulio de Médicis. L'échec de ce complot se traduisit par un certain nombre de condamnations à mort, dont celle de Jacopo da Diacceto, ainsi que par des mesures d'exil, dont furent notamment victimes Zanobi Buondelmonti, Luigi Alamanni et Brucioli lui-même. Tous étaient des membres notoires du cercle des Orti Oricellari, dont les réunions cessèrent brutalement après l'échec de cette tentative de *coup*[1].

Bien que partisan des libertés républicaines, Machiavel, qui n'avait rien d'un passionné, n'était guère enclin à participer aux diverses conspirations antimédicéennes fomentées ici ou là. Il est clair cependant que ses

1. En français dans le texte.

relations avec Cosimo Rucellai et ses amis n'ont pas manqué de l'influencer. Son *Art de la guerre,* publié en 1521, est incontestablement imprégné de ces discussions. Cet ouvrage se présente sous la forme d'une conversation dans les Orti Oricellari, Rucellai introduit le débat, Buondelmonti et Alamanni en sont les interlocuteurs principaux. Mais le résultat le plus important de cet engagement de Machiavel dans les rangs des sympathisants de la république fut sa décision d'écrire ses *Discours* sur les dix premiers livres de l'*Histoire* de Tite-Live, son œuvre la plus imposante mais aussi, et à plus d'un titre, son travail le plus original en matière de philosophie politique.

On peut affirmer que Machiavel s'était plongé dans l'étude de l'histoire ancienne (dans la lecture de Tite-Live notamment) depuis au moins l'été 1513 : la dédicace des *Discours,* dans laquelle il se targue d'une « lecture assidue » des meilleurs maîtres classiques, en témoigne. Pourtant, et aucun doute n'est permis sur ce point, s'il exprima ses idées sous la forme typiquement humaniste d'un commentaire de texte ancien, c'est bien en raison de sa fréquentation du groupe des Orti Oricellari. Les *Discours* sont dédiés à Rucellai qui fut l'initiateur de ces rencontres, et à Buondelmonti, l'un des conspirateurs de 1522. Mieux encore, il ne se contente pas, dans cette dédicace, de faire allusion à ces discussions et de manifester la « reconnaissance du bien qu'il a reçu d'elles », il rend grâce à ses amis, par ces mots : « [c'est] vous qui m'avez forcé à écrire [ces] choses que sans vous je n'aurais jamais écrites de moi-même » (D., 375-376).

Les moyens de la grandeur

Bien que Machiavel consacre l'essentiel des *Discours* aux affaires civiles et militaires de la République romaine, il demeure préoccupé par-dessus tout, ainsi qu'il le dit lui-même, par l'histoire des origines de cette république. Il en fait mention dès le premier paragraphe du premier Livre et l'on retrouvera ce thème en filigrane dans presque toute l'œuvre. Son but, dit-il, est de découvrir ce qui rendit possible « le degré de puissance auquel cette république [est] arriv[ée] » (D., 379).

Bien évidemment, cette question n'est pas sans rapport avec le thème central du *Prince.* Dans *Le Prince,* on le sait, Machiavel commence par mettre de côté tout ce qui concerne les républiques alors que, dans les *Discours,* ces mêmes républiques sont sa préoccupation essentielle. Il serait toutefois erroné d'en déduire que les *Discours* concernent exclusivement les régimes républicains qui se trouveraient ainsi opposés aux monarchies. Du reste, Machiavel ne manque pas d'insister sur ce point, en annonçant, dans le chapitre 2, qu'il n'est pas intéressé par les républiques en elles-mêmes mais par les gouvernements des cités, que celles-ci soient considérées « comme républiques [ou] comme principautés » (D., 383). On constate par ailleurs un parallélisme étroit entre le souhait que Machiavel exprime dans *Le Prince* d'informer les souverains sur les moyens d'atteindre à la gloire en réalisant de « grandes choses », et l'objectif qui est le sien dans les *Discours :* expliquer pourquoi certaines cités ont « atteint à la grandeur » et pourquoi Rome, en particulier, a voulu s'élever au rang de « grande puissance » et est parvenue à « ce haut point de grandeur » (D., 394, 396, 530).

Quels moyens les Romains utilisèrent-ils donc pour parvenir à leur grandeur (D., 547) ? Pour Machiavel, il s'agit là d'une question d'ordre pratique puisqu'il souscrit au principe humaniste courant selon lequel « quiconque compare le présent et le passé voit que toutes les cités, tous les peuples, ont toujours les mêmes aspirations et les mêmes caractères » (D., 467). Autant dire que « celui qui examine attentivement les événements du passé pourra aisément prévoir ceux à venir » puisqu'il sera alors à même de « leur appliquer les solutions qui furent celles des anciens » ou au moins « [d']en inventer de nouvelles du fait de la similitude des événements » (D., 467). L'espoir particulièrement stimulant qui sous-tend et anime la totalité des *Discours* peut donc se formuler ainsi : si nous pouvons découvrir les causes du succès de la Rome antique, alors nous serons à même de reproduire ce succès.

Selon Machiavel, l'étude de l'histoire classique révèle que la clé de la réussite de Rome se résume en une phrase : « L'expérience prouve que jamais les peuples n'ont accru leurs richesses et leur puissance sauf sous un gouvernement libre. » Le monde des anciens nous offre deux exemples particulièrement frappants du bien-fondé de cette vérité générale. D'abord, « on ne peut voir sans admiration Athènes, délivrée de la tyrannie des Pisistratides, s'élever en moins de cent ans à une telle grandeur ». Exemple encore plus merveilleux de grandeur, « celle à laquelle s'éleva Rome après l'expulsion des rois » (D., 517). A l'inverse, il est possible de dire que « c'est en tout point le contraire dans les pays où le peuple est esclave » (D., 521). Par conséquent, « à peine un peuple libre est-il asservi », le moindre mal qui pourra lui arriver « sera d'être arrêté dans ses progrès et de ne plus accroître ses richesses ni sa puissance ; mais le plus souvent, il [n'ira] plus qu'en déclinant » (D., 517).

En mettant l'accent, avec une telle insistance, sur la liberté, Machiavel veut d'abord montrer qu'une cité soucieuse de grandeur doit se garder de toute forme de servitude politique, que celle-ci provienne de l'« intérieur », effet de la férule d'un tyran, ou de l'« extérieur », produit d'un impérialisme (D., 383, 423). En retour, cela signifie que lorsque l'on dit d'une ville qu'elle possède sa liberté, on indique qu'elle a gardé son indépendance par rapport à quelque autorité que ce soit, à l'exception de celle qui est issue de la communauté elle-même. La liberté dans ces conditions se manifeste donc sous la forme de l'autonomie gouvernementale. Machiavel l'indique très clairement dans le deuxième chapitre du premier livre des *Discours* lorsqu'il déclare vouloir « mettre à part ce [que l'] on pourrait dire des villes qui, dès leur naissance, ont été soumises à une puissance étrangère » et lorsqu'il précise ne vouloir traiter là que des villes qui furent indépendantes à l'origine, c'est-à-dire celles « qui se sont d'abord gouvernées par leurs propres lois » (D., 383). La même option est réaffirmée un peu plus loin dans ce chapitre lorsque Machiavel commence par faire l'éloge de Solon, qui, par ses lois, « n'établit que le gouvernement populaire », pour ensuite expliquer qu'il y a une similitude entre cette manière de gouverner et le fait de vivre dans « la liberté » (D., 387).

La première conclusion générale des *Discours* montre que seules « les villes où les peuples gouvernent font d'étonnants progrès en peu de temps » (D., 505). Machiavel n'en est pas pour autant conduit à se désintéresser des principautés puisqu'il lui arrive, ici ou là, de croire possible la coexistence de l'expression du suffrage populaire et d'une forme de gouvernement de type monarchique (cf. D., 615). Il est vrai, cependant, que cette première conclusion le conduit à montrer clairement qu'il préfère les régimes républicains aux régimes princiers. Il en expose les raisons avec la plus grande vigueur au début du livre II des *Discours :* « C'est le bien général et non l'intérêt particulier qui fait la puissance d'un État ; et, sans contredit, on n'a vraiment en vue le bien public que dans les républiques. » « C'est le contraire qui se passe » sous un prince : « Le plus souvent son intérêt particulier est en opposition avec celui de l'État. » On peut ainsi comprendre pourquoi un peuple qui vit sous un régime monarchique est, le plus souvent, « arrêté dans ses progrès », alors que « seuls dans tous les pays du monde [...] les pays libres peuvent prospérer grandement » (D., 517, 520).

Si la liberté est la clé de la grandeur, comment cette liberté peut-elle être acquise et conservée ? Machiavel commence par admettre que cela ne peut se concevoir sans l'intervention, quelle qu'en soit la forme, de la Fortune. Il est essentiel que la ville ait été « dès le commencement libre et indépendante » si elle a quelque ambition d'atteindre à la gloire civique (D., 380, 381, 382). Les villes qui ont eu la malchance de naître dans la servilité n'ont généralement pas seulement « de la difficulté mais sont même dans une véritable impossibilité » à « trouver des lois capables de maintenir leur liberté » et de leur apporter la renommée (D., 485).

Cependant, tout comme dans *Le Prince,* Machiavel considère comme une erreur fondamentale de supposer que l'accession à la grandeur puisse être entièrement soumise aux caprices de la Fortune. Il admet qu'à suivre certains grands écrivains, dont Plutarque, « écrivain fort grave », et Tite-Live, l'ascension du peuple romain vers la gloire doit presque tout à la Fortune. Mais il réplique en disant n'être pas « de cet avis » et trouver même cette opinion « insoutenable » (D., 513). Il concède que les Romains ont eu le bonheur de recevoir de multiples grâces de la Fortune et qu'ils ont même bénéficié des multiples revers que leur envoya la déesse dans le « dessein d'agrandir Rome et de l'élever à ce haut point de gloire où elle parvint dans la suite » (D., 597). Mais il insiste – en écho à ce qu'il dit dans *Le Prince* – pour réaffirmer que l'accomplissement de grands desseins n'est jamais le pur résultat des bienfaits de la Fortune ; de telles réalisations sont toujours le fruit d'une rencontre entre la Fortune et l'indispensable qualité que constitue la *virtù*. La *virtù* nous rend capables de supporter n'importe quel revers avec une humeur égale et, dans le même temps, attire vers nous les attentions bienveillantes de la déesse. Il conclut donc que, si nous souhaitons comprendre comment la République romaine parvint « à ce degré de puissance auquel elle arriva », nous devons reconnaître que la réponse se trouve dans le fait que Rome possédait « tant de *virtù* » et qu'elle fit tout pour que cette qualité décisive « y soit soutenue pendant plusieurs siècles » (D., 379). C'est parce que les Romains firent en sorte que « leur Fortune fût accompagnée d'autant de sagesse que de *virtù* » qu'ils purent conserver la liberté qui fut la leur à l'origine et qu'ils parvinrent finalement à être les maîtres du monde (D., 514).

Revenant à l'analyse du concept central de *virtù*, Machiavel suit très précisément les grandes lignes de l'approche qui avait été la sienne dans *Le Prince*. Il utilise alors, il est vrai, le terme d'une manière telle que l'on est tenté d'y voir un apport nouveau et important. Dans *Le Prince*, l'idée de *virtù* ne se trouvait mise en jeu que lorsqu'il était question de grands dirigeants politiques et de chefs militaires ; dans les *Discours,* il est clairement posé que si une cité doit atteindre à la grandeur, il est essentiel que le corps social tout entier soit détenteur de la *virtù* (D., 686-687). Cependant, lorsqu'il en vient à définir ce qu'il entend par *virtù,* il reprend, pour l'essentiel, son argumentation antérieure, considérant avec froideur que les conclusions renversantes auxquelles il était parvenu sont fondées.

Détenir la *virtù,* c'est donc avoir la volonté de faire tout ce qui s'avérera nécessaire pour parvenir à la gloire civique et à la grandeur, que les actions ainsi engagées soient bonnes ou mauvaises. Il est tout d'abord indiqué que cette attitude constitue l'attribut essentiel du commandement politique. Tout comme dans *Le Prince,* le fait est suggéré par une allusion sarcastique aux valeurs de l'humanisme cicéronien. Dans les *Devoirs,* Cicéron avait établi que lorsque Romulus décida « qu'il était plus pratique pour lui d'être seul à régner », et qu'en conséquence il devait tuer son frère, il commit un crime qui ne pourrait jamais être excusé puisque la justification de son acte n'était en rien « raisonnable ou adéquate ». Aux antipodes de ce raisonnement, Machiavel insiste sur le fait qu'un « esprit sage ne condamnera jamais quelqu'un pour avoir usé d'un moyen qui s'écarte des règles ordinaires pour guider une monarchie ou fonder une république ». Évoquant le cas de Romulus le fratricide, il soutient que « si le fait l'accuse, le résultat l'excuse ; si le résultat est bon, il est acquitté ; tel est le cas de Romulus. Ce n'est pas la violence qui restaure mais celle qui ruine qu'il faut condamner » (D., 405).

Cette volonté de placer le bien public au-dessus des intérêts privés et des considérations morales ordinaires paraît tout aussi essentielle lorsqu'il est question des simples citoyens. Machiavel exprime son point de vue en parodiant à nouveau les valeurs de l'humanisme classique. Cicéron avait déclaré, dans les *Devoirs,* que « certains actes sont soit si répugnants, soit si abominables qu'un homme sage ne les commettra pas, même pour sauver son pays ». Machiavel rétorque que pour ce qui est de la patrie, « s'il s'agit de délibérer sur son salut », il est du devoir de tout citoyen de reconnaître qu'« il ne doit être arrêté par aucune considération de justice ou d'injustice, d'humanité ou de cruauté, d'ignominie ou de gloire. Le point essentiel qui doit l'emporter sur tous les autres est d'assurer son salut et sa liberté » (D., 708).

Il s'agit là, que l'on soit gouvernant ou citoyen, de la marque de la *virtù :* chacun doit être prêt à « servir l'intérêt commun [...] celui de la patrie plutôt que le sien propre et celui de ses héritiers » (D., 405). Voilà pourquoi Machiavel considère la république de Rome comme dépositaire de tant de *virtù,* comme le lieu où « l'amour de la patrie avait dans tous les cœurs plus de pouvoir qu'aucun autre sentiment » (D., 639), et voilà aussi pourquoi le peuple de Rome fut « pendant quatre cents ans ennemi de la royauté et passionné pour le bien public et pour la gloire de la patrie » (D., 504).

En affirmant ainsi que la liberté sera plus sûrement protégée si le corps social dans son ensemble demeure *virtuoso,* on rencontre inévitablement une autre question, la plus fondamentale de toutes : comment pouvons-nous espérer instiller cette *virtù* assez largement et faire en sorte qu'elle soit sauvegardée assez longtemps pour être certains d'atteindre à la gloire civique ? Sur ce point encore, Machiavel concède qu'un peu de Fortune est toujours nécessaire. Aucune ville ne peut espérer parvenir à la grandeur si elle n'a pas été mise sur le droit chemin par un père fondateur auquel, « à titre de fille » (D., 411), elle devra sa naissance. Une cité sera « certainement malheureuse » si elle n'est pas « tombée d'abord dans les mains d'un législateur habile et prudent » (D., 383 ; D. It., 130). A l'inverse, une cité qui peut s'appuyer sur la « *virtù* et la conduite » d'un grand fondateur – ainsi que Rome put le faire en suivant l'exemple de Romulus – est appelée à connaître un « extrême bonheur » (D., 432).

Si tout État a besoin de cette Fortune originelle, c'est que l'acte de fondation d'une république ou d'une monarchie suppose des qualités qui ne sont pas « celles de tous » (D., 428), la « diversité des avis » faisant toujours obstacle à ce qu'une collectivité puisse « fonder un État » (D., 406). Il s'ensuit que « pour fonder une république, il est nécessaire d'être seul » (D., 407). Du reste, si l'on prend l'exemple d'« une république corrompue » qui est sur « la voie de son déclin », on verra que, de la même manière, « c'est la *virtù* d'un seul et non celle de tous » qui lui permettra de se relever (D., 428 ; D. It., 178). Et Machiavel de conclure sur ce point qu'« il faut établir comme règle générale que jamais ou bien rarement du moins, on n'a vu une république [ou] une monarchie être bien constituées dès l'origine ou totalement réformées depuis, si ce n'est par un seul individu » (D., 405).

Il déclare ensuite, cependant, que si un État est assez imprudent pour se fier à cette bonne Fortune initiale, il ne sera pas seulement frustré de sa grandeur mais courra rapidement à sa ruine. En certaines occasions, « un homme seul est bien capable de constituer un État » mais aucun État ne peut espérer pouvoir durer s'il s'en remet « aux mains d'un seul » (D., 406). C'est d'une incurable faiblesse que sont affectés les régimes qui mettent leur confiance dans la seule « *virtù* de leur prince [...], celle-ci mourant avec eux et se perpétuant rarement chez leurs successeurs » (D., 413).

Il est donc indispensable à la survie d'une monarchie ou d'une république non pas tant « d'avoir un prince qui gouverne sagement pendant sa vie », mais bien plutôt d'en avoir un « qui leur donne des lois » telles que le régime pourra se maintenir sans être à la merci de la *virtù* collective (D., 413). Pour l'homme d'État, le secret des secrets consiste à savoir comment parvenir à un tel résultat.

Et Machiavel poursuit en précisant qu'il s'agit là d'un problème d'une exceptionnelle difficulté. Si l'on peut, en effet, s'attendre à rencontrer beaucoup de *virtù* parmi les pères fondateurs des États, il n'y a aucune raison de supposer que l'on puisse trouver cette qualité aussi généreusement répartie chez les citoyens ordinaires. Bien au contraire, la plupart des hommes « étant plus enclins au mal qu'au bien » (D., 406), ils sont conduits à ignorer les intérêts de la collectivité, et « toujours prêts à montrer leur méchanceté toutes les fois qu'ils en trouveront l'occasion » (D., 389). Tout État, quel qu'il soit, a donc tendance à abandonner la *virtù* originelle des fondateurs et à se laisser entraîner vers son déclin, processus que Machiavel résume en disant que même les sociétés les plus remarquables peuvent être gagnées par la corruption.

A la source de ce raisonnement, se trouve une idée chère à Aristote : tout régime politique est comparable à un organisme naturel et, à l'instar de toute créature terrestre, est appelé à connaître « un état avancé » (D., 640). Machiavel met très nettement l'accent sur cette métaphore du corps politique au début du troisième livre des *Discours*. Il considère « qu'il est clair comme le jour que, faute de se rénover, ces corps périssent » (D., 607), que, par conséquent, leur *virtù* ne manquera pas d'être entachée de corruption, laquelle corruption pourra les conduire à la mort si leurs blessures ne sont pas soignées.

L'emprise de la corruption est donc considérée comme équivalente à la perte ou à l'érosion de la *virtù,* et ce processus de dégénérescence s'accomplit, selon Machiavel, de deux manières possibles. Un corps social peut perdre sa *virtù* – et, partant, son souci du bien public – en se désintéressant complètement de la politique, condition plus susceptible « d'amollir les âmes que de les rendre propres à la véritable *virtù* » (D., 381). Mais le danger le plus insidieux est que les citoyens, tout en continuant de s'intéresser aux affaires de l'État, commencent à se préoccuper de leurs ambitions personnelles ou des intérêts de leurs factions au détriment de l'intérêt collectif. Machiavel en vient ainsi à dire corrompu tout projet politique mis en place par « quelques citoyens plus soucieux de flatter l'opinion que de la servir » (D., 574). Il qualifie de corrompue une constitution dans laquelle « les riches seuls et les puissants » peuvent proposer des mesures « bien moins en faveur de la liberté que pour l'accroissement de leur pouvoir » (D., 430). Il qualifie de corrompu l'État dans lequel les fonctions de la magistrature ne sont plus tenues « par ceux qui eurent le plus de *virtù* », mais au contraire par ceux qui ont le plus de pouvoir et qui sont donc les plus enclins à soutenir leurs ambitions personnelles (D., 430).

Cette analyse a pour effet d'enfermer Machiavel dans un dilemme. D'une part, il ne cesse d'insister sur le fait que « les hommes sont par nature ambitieux et suspicieux » (D., 466 ; D. It., 198), et à un point tel que la plupart d'entre eux « ne font le bien que contraints par la nécessité » (D., 389 ; D. It., 136). Mais, d'autre part, il insiste sur le fait qu'à partir du moment où les hommes ne peuvent que s'élever « d'une ambition à une autre », leurs États ne peuvent aller que vers la ruine et perdre toute chance de devenir grands (D., 479). En d'autres termes, s'il est vrai que le maintien de la liberté est une condition nécessaire à la grandeur, il est tout aussi vrai que le développement de la corruption est toujours fatal à la liberté. Aussitôt que les considérations individuelles ou les intérêts sectaires commencent à être pris en compte, les aspirations populaires à des lois faites « en faveur de la liberté » sont automatiquement négligées, les factions commencent à prendre le pouvoir et la tyrannie vient rapidement se substituer à la liberté (D., 472). Il s'ensuit que chaque fois que la corruption envahit un corps social, celui-ci, « loin de pouvoir conserver sa liberté, n'en jouit pas même un instant » (D., 423 ; cf. D., 428).

Le dilemme devant lequel Machiavel se trouve placé est donc le suivant : comment le corps social dans lequel la *virtù* n'est pas naturellement inscrite peut-il néanmoins acquérir cette qualité ? Comment l'ensemble des citoyens peut-il faire obstacle aux glissements vers la corruption, comment peut-on obliger la collectivité à conserver comme objectif le souci du bien public pendant un temps suffisamment long pour que la grandeur civique soit atteinte ? Toute la suite des *Discours* est consacrée à rechercher des solutions aux problèmes ainsi posés.

Les lois et le commandement

Machiavel est convaincu qu'il est préférable de contourner le dilemme précédemment rencontré plutôt que d'essayer de le résoudre. Cela le conduit à admettre que si l'on ne peut s'attendre que l'ensemble des citoyens manifeste spontanément de la *virtù,* il n'est pas interdit d'espérer qu'un État ait, de temps en temps, la bonne Fortune de trouver un chef dont les actes, à l'égal de ceux d'un père fondateur, témoignent d'une *virtù* naturelle très élevée (D., 609).

Une telle noblesse est indispensable au maintien de la patrie sur les chemins de la gloire. Machiavel déclare que si de telles manifestations personnelles de *virtù* s'étaient produites tous les « dix ans » au moins dans l'histoire de Rome, « nécessairement la corruption ne se serait jamais introduite » dans la ville (D., 610). Il va même jusqu'à dire que si un État « était assez heureux » pour trouver à chaque génération un chef de cette envergure « qui rendrait à ses lois leur première *virtù,* et qui non seulement l'empêcherait de courir à la décadence mais [...] le ramènerait en sens contraire », surviendrait alors le miracle d'un État qui ne « craindrait jamais de périr » (D., 669), un corps politique qui aurait le don de pouvoir échapper à la mort.

Comment tant de *virtù* individuelle peut-elle contribuer à ce qu'un État parvienne à ses objectifs les plus élevés ? Machiavel va s'efforcer de répondre à cette question tout au long du troisième livre de ses *Discours,* dont l'objet est de montrer « combien les actions de quelques particuliers ont fait Rome plus grande et produit d'excellents effets dans cette république » (D., 611).

Il est évident qu'en développant une telle perspective, Machiavel demeure très proche de l'esprit du *Prince.* Il n'y a donc rien d'étonnant à ce que l'on rencontre dans ce dernier livre des *Discours* un nombre considérable de références à ce premier ouvrage – une douzaine d'allusions, à peu près, en moins de cent pages. Comme dans *Le Prince,* il établit qu'il y a deux manières distinctes pour un homme d'État ou pour un général de se surpasser dans l'ordre de la *virtù,* afin d'accomplir de grandes choses. La première consiste à tirer le meilleur parti de son prestige auprès des autres citoyens, notamment de ceux qui sont le plus bas dans l'échelle sociale. Machiavel commence par suggérer que, dans certains cas, cette méthode peut produire des effets immédiats, dans la mesure où l'exemple ainsi donné par un homme d'État « a tant de force que les bons sont jaloux de l'imiter et que les méchants rougissent de ne pas le suivre » (D., 610). Mais, plus généralement, il considère que la *virtù* d'un chef hors du commun se distinguera toujours, entre autres choses, par le seul fait d'insuffler à son entourage une sorte d'élan vital qui atteindra même ceux qui n'y sont pas naturellement sensibles. Discutant de la manière dont cette influence peut s'exercer, Machiavel suggère surtout – comme dans *Le Prince* et comme plus tard dans le livre IV de *L'Art de la guerre* – que le moyen le plus efficace de contraindre les gens à se comporter sur un mode *virtuoso* consiste à faire en sorte qu'ils soient terrorisés à la seule idée d'agir autrement. Il en vient ainsi à louer Hannibal qui avait compris la nécessité de savoir inspirer de la crainte à ses propres troupes afin que celles-ci n'en viennent à connaître « ni dissensions [...] ni séditions » (D., 667). Mais il réserve sa plus grande admiration à Manlius Torquatus, dont la « force d'âme » et la sévérité proverbiale l'autorisaient à « exiger de grandes choses » et le rendaient capable de contraindre ses sujets à retrouver la *virtù* première qu'ils avaient commencé d'abandonner (D., 669 ; D. It., 449).

Pour un individu hors du commun, l'autre moyen de contribuer à la gloire civique est plus immédiat, puisque Machiavel considère que la *virtù* de ce genre d'individu est telle qu'elle suffit à prévenir la corruption aussi bien que l'effondrement. L'un de ses principaux objectifs, dans le troisième livre des *Discours,* consiste précisément à rechercher, parmi les traits caractéristiques d'un chef *virtuoso,* ceux qui peuvent le plus sûrement conduire à un tel résultat. C'est dans le cours du chapitre 23 qu'il commence à élaborer une réponse en analysant la carrière de Camillus, « le plus expérimenté des chefs romains » (D., 650). Les qualités qui font de Camillus un personnage particulièrement remarquable et capable d'accomplir « des choses magnifiques » sont « sa vigilance, sa prudence, sa grandeur d'âme » et, par-dessus tout, « ce sens de la rigueur qui le rendait capable d'organiser et de commander son armée » (D., 686, 673 ; D. It., 469, 454). Un peu plus loin, Machiavel consacre une série de chapitres à la mise au point d'une réponse définitive à cette même question ; il commence par faire valoir que les grands chefs civils doivent savoir désarmer les envieux dans la mesure où l'envie « est souvent cause que les hommes » ne peuvent acquérir « l'autorité nécessaire pour traiter des choses importantes » (D., 684 ; D. It., 467). Ils doivent aussi être des hommes d'un courage exceptionnel, notamment s'ils sont appelés à servir dans l'armée ; dans ce cas, ils doivent être préparés – ainsi que le note Tite-Live – « à se tenir en pleine mêlée » (D., 703, note 1, 1522). S'agissant de politique, ils doivent également être capables de faire preuve d'une très grande prudence fondée sur la connaissance raisonnée de l'histoire ancienne aussi bien que des affaires contemporaines (D., 709-711). Ils doivent enfin être les hommes les plus circonspects et les plus méfiants que l'on puisse imaginer, capables de ne pas se laisser abuser par les stratégies de leurs ennemis (D., 714-716).

Il est clair que, tout au long de cette discussion, Machiavel ne perd jamais de vue les destinées de sa ville natale. Chaque fois qu'il évoque l'une des qualités qu'un chef *virtuoso* doit posséder, il marque un temps pour préciser que le déclin de la République florentine ainsi que son horrible écroulement de 1512 s'expliquent très largement par le manque d'attention que l'on portait alors à cette qualité essentielle qu'est la *virtù*. Un chef *virtuoso* doit savoir comment l'on se comporte à l'égard des envieux : mais ni Savonarole ni Soderini ne surent « en venir à bout », ce qui eut pour conséquence qu'« ils se perdirent l'un et l'autre » (D., 685). Un chef *virtuoso* doit être capable de tirer les leçons de l'histoire : les Florentins, qui pouvaient facilement « s'informer de ce qui avait toujours été par le passé la coutume [des] barbares », n'en firent rien et furent de ce fait facilement refaits et pillés (D., 710). Un chef *virtuoso* doit être un homme circonspect et prudent : les maîtres de Florence se montrèrent si naïfs face à la trahison – comme ce fut le cas lors de la guerre contre Pise – qu'ils précipitèrent la République dans le déshonneur le plus total (D., 715). C'est sur cette implacable mise en accusation du régime dont il fut le serviteur que Machiavel achève le troisième livre de ses *Discours*.

Si l'on revient maintenant au dilemme que Machiavel avait formulé, il est tout à fait évident que l'argumentation développée tout au long de ce troisième livre n'apporte aucun élément susceptible de nous aider à le résoudre. Bien qu'il y expose les moyens de contraindre à la *virtù* les citoyens ordinaires, en s'appuyant sur l'exemple de chefs éminents, Machiavel admet, néanmoins, que la naissance de grands chefs dépend toujours de la Fortune et qu'il s'agit là d'une voie peu fiable pour mener un État vers la gloire et la renommée. La question fondamentale reste donc posée : comment les hommes en général – qui sont toujours disposés à se laisser corrompre par l'ambition ou par la paresse – peuvent-ils être gagnés par la *virtù* et demeurer sous l'emprise de ses effets suffisamment longtemps pour atteindre à la gloire civique ?

C'est en ce point que Machiavel amorce un mouvement décisif, qui va le conduire bien au-delà de la conception de la politique qu'il avait exposée dans *Le Prince*. La clé du problème, assure-t-il alors, consiste à être certain de la « bonne organisation » des citoyens, ce qui revient à vérifier qu'ils sont organisés sur un mode tel qu'ils ne peuvent qu'être conduits à vouloir posséder la *virtù* et à défendre leurs libertés. Cette solution est proposée d'emblée, dès le premier chapitre du premier livre des *Discours*. Si nous voulons comprendre comment il advint « que tant de *virtù* ait pu se maintenir » à Rome « pendant plusieurs siècles », nous devons analyser la manière dont la ville « était organisée » (D., 379 ; D. It., 125). La question revient dans le chapitre suivant. Pour saisir comment la ville de Rome parvint à trouver « le droit chemin » capable de la conduire à cet « idéal de perfection achevée » (D., 383 ; D. It., 130), nous devons d'abord étudier ses institutions, ses règles constitutionnelles et la manière dont elle recensait et organisait ses citoyens.

A bien suivre Machiavel, on ne peut éviter de rencontrer une question centrale, qui est celle du type d'institutions dont une ville a besoin pour se développer de manière à faire obstacle à l'installation de la corruption dans les affaires « du dedans », c'est-à-dire à l'intérieur, au sein de son organisation politique et juridique (D., 382, 484). Pour cette raison, Machiavel consacre la plus grande partie du premier livre des *Discours* à l'analyse de cette thèse, prenant ses principaux exemples dans l'histoire de la Rome antique et soulignant sans cesse « combien les institutions de Rome étaient propres à la faire si grande » (D., 460).

Il distingue essentiellement deux manières d'organiser les affaires intérieures pour concourir au développement de la *virtù* dans le corps social tout entier. Il commence par établir – dans les chapitres 11 à 15 – que, parmi les institutions les plus importantes d'une ville, il faut compter celles qui assurent la liberté du culte religieux et garantissent qu'il est « employé à propos » (D., 422). Il va même jusqu'à déclarer que « l'attachement au culte divin » est d'une importance si grande qu'il constitue en tant que tel « la cause de la grandeur des républiques » (D., 413 ; D. It., 162). Réciproquement, il pense « qu'il n'y a pas de signe plus assuré » de la corruption et de la ruine d'un pays « que le mépris du culte divin » (D., 414).

Les Romains comprirent parfaitement l'usage qui pouvait être fait de la religion pour promouvoir le développement de leur République. Le roi Numa, le successeur immédiat de Romulus, reconnut notamment que l'établissement d'un culte civil constituait « le soutien le plus nécessaire de la société civile » (D., 411). Les gouvernements de l'Italie moderne, au contraire, ne réussirent absolument pas à saisir l'importance de cette question. Bien que Rome soit demeurée le centre officiel de la chrétienté, la vérité – amère – oblige à dire que « le mauvais exemple » de l'Église romaine « a détruit en Italie tout sentiment de piété et de religion » (D., 416). Le résultat de ce scandale est que le peuple italien est devenu non seulement le peuple le moins religieux d'Europe, mais aussi le plus corrompu. Il en résulte que ce peuple a perdu ses libertés, qu'il a oublié l'art de se défendre sans l'aide des autres, et qu'il a permis que son sol devienne « la proie, non seulement des étrangers puissants, mais de quiconque a voulu l'attaquer » (D., 416).

Les Romains connaissaient un secret oublié du monde moderne : ils savaient que les institutions religieuses peuvent jouer un rôle analogue à celui des individus hors du commun pour soutenir la cause de la gloire civique. A ce titre, la religion peut être utilisée pour éduquer le petit peuple, voire pour le terroriser si cela est nécessaire, afin qu'il en vienne à préférer le bien public à toute autre forme de bonheur. C'est au cours de son analyse du rôle des augures que Machiavel prête le plus d'attention aux moyens utilisés par les Romains pour encourager un tel patriotisme. Avant d'aller à la bataille, les généraux romains prenaient toujours bien soin d'annoncer que les augures étaient favorables. Ainsi, les troupes partaient se battre avec confiance, certaines de leur victoire, et cette confiance les amenait, en retour, à se comporter avec une *virtù* telle qu'elles triomphaient, presque à chaque fois, le jour même (D., 421). Cependant, et cela n'a rien d'anodin, Machiavel est encore plus impressionné par la manière dont les Romains faisaient usage de leur religion pour instaurer la terreur dans la population tout entière et obtenir d'elle qu'elle se conduise avec un sens de la *virtù* dont elle n'eût jamais pu faire montre autrement. L'exemple le plus dramatique de cette attitude se trouve dans le chapitre 11. « Après la déroute des Romains à Cannes face à Hannibal, une multitude de Romains s'étaient réunis. Désorientés, ils étaient convenus de quitter l'Italie. » Lorsque Scipion eut vent de ce projet, il rencontra ces citoyens et, « l'épée nue à la main », il leur fit jurer solennellement de ne pas abandonner leur patrie. C'était une manière de les obliger à faire preuve de *virtù :* bien que « ni l'amour de la patrie, ni ses lois » n'aient pu les contraindre à demeurer en Italie, ils y restèrent néanmoins, tenus par la crainte du blasphème qu'eût constitué la violation de leur serment (D., 411-412; D. It., 160-161).

L'idée qu'une communauté vivant dans la crainte de Dieu puisse gagner en retour la gloire civique était très répandue chez les contemporains de Machiavel. Comme il l'observe lui-même, ce thème avait constitué l'essentiel de la promesse sur laquelle Savonarole avait organisé sa campagne à Florence dans les années 1490. Au cours de cette campagne, il avait persuadé les Florentins « qu'il s'entretenait avec Dieu », que ce dernier lui avait transmis un message pour la ville annonçant que la puissance divine lui ferait retrouver sa grandeur passée sitôt qu'elle reviendrait à sa piété originelle (D., 413). Cependant, les conceptions personnelles de Machiavel sur la valeur de la religion le conduisent à s'écarter de cette approche orthodoxe sur deux points. Il se distingue d'abord des thèses savonaroliennes quant aux raisons qui lui font souhaiter voir la religion demeurer au fondement de la vie politique. Il n'est pas le moins du monde intéressé par la question de la vérité de la religion. Seule l'intéresse la manière dont le sentiment religieux peut être utilisé pour « réconforter le peuple, pour maintenir les gens de bien et faire rougir les méchants », et il juge de la valeur des diverses religions en fonction de ce seul critère, celui de leur capacité à produire de tels effets (D., 412). Aussi bien, il ne conclut pas seulement que les chefs d'une communauté, quelle qu'elle soit, ont le devoir « de favoriser et d'accroître » tout ce qui « soutient la religion », il insiste en disant que ces chefs doivent toujours adopter cette attitude « même s'ils jugent mauvaises les conditions qui peuvent favoriser les religions » (D., 415 ; D. It., 164).

Mais il se distingue aussi des conceptions orthodoxes de la religion sur une question qui est étroitement liée au caractère pragmatique de sa démarche. Il déclare, en effet, que si l'on juge selon les critères habituels, on a toutes les raisons de préférer l'ancienne religion des Romains à la foi chrétienne. Bien sûr, le christianisme eut pu être considéré « selon la *virtù* » et, partant, utilisé pour « exalter et défendre » la communauté chrétienne (D., 520). Mais, en fait, le christianisme a été interprété de manière telle que les qualités nécessaires au déroulement d'une vie civique libre et forte se sont trouvées éliminées. Le christianisme a glorifié « les humbles voués à la vie contemplative » ; il a placé « le bonheur suprême dans l'humilité, l'abjection, le mépris des choses humaines » ; il n'a attribué aucune valeur à la « grandeur d'âme, [à] la force du corps » ou à l'une quelconque des qualités que se doit de posséder le citoyen *virtuoso.* En proposant comme idéal de l'excellence humaine l'image de l'homme de l'au-delà, le christianisme n'a pas seulement laissé échapper la possibilité de développer la gloire civique ; il a contribué au déclin contemporain et à la chute des grandes nations en corrompant leur vie sociale. Et Machiavel de conclure – avec plus d'ironie encore que Gibbon – sur ce qu'il peut nous en coûter d'avoir ainsi laissé le christianisme nous montrer « la vérité et le droit chemin », celui de « l'affaiblissement de notre monde qui est ainsi devenu la proie des hommes les plus scélérats » (D., 519-520 ; D. It., 282).

Machiavel consacre tout le reste de ce premier livre des *Discours* à démontrer qu'il existe un autre moyen, probablement plus efficace, de convaincre les peuples d'accéder à la *virtù :* il consiste à utiliser le pouvoir coercitif des lois pour faire en sorte que les peuples se sentent tenus de placer l'intérêt collectif au-dessus des intérêts personnels de chacun. L'idée est d'abord exposée sous sa forme générale dans les premiers chapitres de ce livre I. Il y apparaît que tous les exemples les plus remarquables de *virtù* civique peuvent être considérés comme « ayant leur origine dans la bonne éducation », laquelle « n'est due qu'à de bonnes lois » (D., 390 ; D. It., 137). Comment certains États font-ils pour conserver leur *virtù* pendant des périodes exceptionnellement longues ? La réponse est toujours la même : « Ce sont les lois qui les ont rendus bons » (D., 389 ; D. It., 136). La place centrale que cette conception va occuper dans l'ensemble du propos de Machiavel apparaît explicitement un peu plus tard, au début du troisième livre des *Discours ;* si un État doit connaître « une nouvelle vie » et progresser sur le chemin de la gloire, cela ne peut advenir que « par la *virtù* d'un homme ou par celle d'une législation » (D., 608-609 ; D. It., 380-381).

On peut alors comprendre pourquoi Machiavel accorde tant d'importance aux fondateurs des États. Ils occupent une position privilégiée, qui leur permet d'agir en législateurs et sont, de ce fait, à même d'intervenir, dès la naissance de leur État, pour le doter des moyens qui assureront au mieux la mise en valeur de la *virtù* et le rejet de la corruption. Pour justifier cette démarche, Machiavel propose l'exemple, impressionnant, de Lycurgus, le fondateur de Sparte. Celui-ci mit au point un code si remarquable que la cité put vivre « dans la plus parfaite tranquillité » (D., 387) pendant « plus de huit cents ans sans [l'] altérer » (D., 383) et sans jamais perdre une once de liberté. L'exemple de Romulus et de Numa, les premiers rois de Rome, n'est guère moins remarquable. Grâce aux innombrables bonnes lois qu'ils édictèrent, la ville fut « contrainte » d'accéder à la *virtù* avec un tel enthousiasme que « même l'étendue de l'empire ne [put] la corrompre durant plusieurs siècles » (D., 382 ; D. It., 129) et ils purent ainsi maintenir « plus de *virtù* qu'on n'en a jamais vu dans aucune autre république » (D., 382).

Nous sommes alors conduits, toujours guidés par Machiavel, à découvrir l'une des leçons les plus pertinentes que nous puissions espérer recevoir de l'étude de l'histoire. Machiavel nous a montré que les plus grands législateurs sont ceux qui ont le mieux compris comment se servir des lois pour faire avancer la cause de la grandeur civique. En examinant dans le détail leurs codes constitutionnels, le lecteur va constater qu'il est possible de découvrir le secret de leurs succès et de faire en sorte que les dirigeants du monde moderne puissent facilement profiter de la sagesse des anciens.

Au terme de cette analyse, Machiavel conclut que la caractéristique fondamentale, commune à tous les législateurs les plus sages de l'Antiquité, peut s'énoncer très simplement. Ils savaient tous que les trois formes constitutionnelles « pures » – monarchique, aristocratique, démocratique – sont fondamentalement instables et tendent à engendrer un cycle de corruption et de décadence ; ils en déduisaient très justement que le moyen légal d'imposer la *virtù* était la mise en place d'une constitution mixte capable de corriger l'instabilité des formes pures et de conjuguer leurs forces. Comme à l'accoutumée, Rome en fournit l'exemple le plus remarquable : c'est parce qu'elle sut demeurer une « forme mixte » qu'elle parvint finalement à devenir « une république parfaite » (D., 388 ; D. It., 135).

Faire l'éloge des mérites particuliers des constitutions mixtes était chose tout à fait banale dans la théorie politique des Romains. On retrouve cette thèse dans les

Histoires de Polybe, elle apparaît dans plusieurs des œuvres politiques de Cicéron, et elle a finalement les faveurs de la plupart des grands humanistes florentins du XVe siècle. Cependant, lorsque l'on examine les raisons avancées par Machiavel pour soutenir que les constitutions mixtes sont mieux à même d'encourager la *virtù* et de défendre la liberté, on est amené à constater une divergence radicale entre son point de vue et celui de l'humanisme conventionnel.

L'argumentation machiavélienne a pour point de départ l'axiome selon lequel « Dans toute république, il y a deux partis : celui des grands et celui du peuple » (D., 390). Machiavel considère que si la constitution se prête à ce que l'un des deux partis puisse obtenir tout le pouvoir, il est évident que la république sera « facilement corrompue » (D., 384 ; D. It., 131). Si l'un des membres du parti des riches, quel qu'il soit, devient prince, le danger de tyrannie sera imminent ; si le parti des riches met en place un gouvernement de forme aristocratique, il sera inévitablement enclin à l'utiliser dans le sens de ses intérêts ; l'inverse sera vrai du point de vue du peuple s'il s'agit d'une forme démocratique de gouvernement. Quel que soit le cas de figure retenu, l'intérêt collectif risque d'être subordonné au loyalisme de parti ; en conséquence, la *virtù* et donc la liberté républicaine seront bien vite oubliées (D., 384-386, 390-391).

La solution, selon Machiavel, est de mettre au point des lois constitutionnelles qui puissent instaurer un rapport rigoureusement équilibré entre les forces sociales opposées, de manière que les deux partis puissent continuer à se sentir concernés par la gestion gouvernementale et être à même de « se surveiller réciproquement » pour pouvoir, l'un se prémunir « contre l'insolence des grands », l'autre contre « la licence de la multitude » (D., 387 ; D. It., 133). Comme les partis adverses vont jalousement s'observer, chacun à l'affût du moindre signe qui annoncerait une tentative de l'autre pour s'emparer du pouvoir suprême, il apparaît que ces « lois constitutionnelles » sont bien le seul moyen de réduire les tensions ainsi engendrées, et cela pour « le plus grand bénéfice de la liberté publique » (D., 391 ; D. It., 137). Même si elles ne recherchent que leurs seuls intérêts, les factions en viendront, comme si elles étaient guidées par une main invisible, à soutenir l'intérêt collectif dans toutes leurs actions législatives : « Toutes les lois favorables à la liberté » seront ainsi « le produit de leur opposition » (D., 390).

Cet éloge de la division horrifia les contemporains de Machiavel. C'est en leur nom que parla Guicciardini lorsqu'il répliqua, dans ses *Considérations sur les* Discours *(Considerazioni intorno ai* Discorsi *del Machiavelli),* que « plaider pour la désunion revient à faire l'éloge des maux que peut endurer un homme malade au nom des bienfaits que peuvent lui apporter les remèdes qui lui sont administrés ». L'argumentation machiavélienne heurtait de front certaines des idées-forces de toute la tradition de pensée républicaine florentine, tradition qui voulait que toute division fût bannie parce que factieuse, et qui considérait les partis comme une menace pour la liberté ; cette tradition s'était trouvée renforcée à partir de la fin du XIIIe siècle lorsque Remigio, Latini, Compagni, et surtout Dante avaient violemment dénoncé leurs concitoyens qu'ils considéraient, du fait de leur refus de vivre en paix, comme des ennemis de la liberté. Adopter le point de vue renversant – ainsi que Machiavel le qualifie lui-même – qui consiste à considérer comme dignes « des plus grands éloges » les désordres romains revenait donc bien à invalider l'une des idées les plus chères à l'humanisme florentin.

Machiavel, pourtant, ne manifeste aucun signe de repentir pour avoir mis ce dogme en cause. Il évoque explicitement « l'opinion de ceux » qui soutiennent que les affrontements continuels entre la plèbe et la noblesse romaine jetaient la ville dans une « totale confusion », et qui considèrent que seules « sa Fortune et sa *virtù* militaire » lui évitèrent de se déchirer. Mais il insiste : ceux qui condamnent ainsi les désordres romains sont incapables de voir combien ces turbulences permettaient de parer au triomphe des intérêts sectaires, et condamnent en réalité « ce qui fait le principe de la liberté » (D., 390). Il conclut que même si les divisions constituèrent un mal en soi, elles furent néanmoins « un inconvénient nécessaire pour parvenir à la grandeur romaine » (D., 399).

Prévenir la corruption

Machiavel poursuit en faisant valoir que si une constitution mixte est nécessaire, elle n'est en rien suffisante pour assurer la protection de la liberté. Cela se comprend aisément si l'on veut bien se souvenir que les individus, dans leur majorité, sont plus attachés à leurs propres ambitions qu'à l'intérêt collectif et « ne font le bien que poussés par la nécessité » (D., 389). En conséquence, les citoyens les plus forts et les groupes d'intérêts les plus puissants tendent constamment à détruire l'équilibre constitutionnel au profit de leurs propres intérêts et de leurs objectifs fractionnels, et à introduire ainsi le germe de la corruption dans le corps social ; ils font, par là même, courir le plus grand risque à sa liberté.

Pour faire face à cette menace inévitable, Machiavel avance une nouvelle proposition constitutionnelle ; il affirme que le prix à payer pour la liberté est une vigilance sans relâche. En premier lieu, dit-il, il est essentiel d'apprendre à reconnaître les signes annonciateurs du danger, d'apprendre à identifier les voies par lesquelles un simple citoyen ou un parti politique peuvent en venir à acquérir « plus de force qu'il n'est raisonnable » (D., 453 ; D. It., 207). Ensuite, il est tout aussi essentiel de mettre en place un ensemble particulier de lois constitutionnelles pour faire face aux urgences de cet ordre. Une république, ainsi que l'établit Machiavel, doit veiller « à ce que les citoyens ne puissent faire le mal sous l'ombre du bien », elle doit « leur permettre un prestige suffisant pour servir la liberté, mais pas assez pour lui nuire » (D., 480). Il est finalement essentiel que chacun « ouvre grands ses yeux » (D., 455 ; D. It., 208) et soit prêt non seulement à repérer les tendances à la corruption, mais aussi à recourir à la force de la loi pour les écraser sitôt qu'elles commencent à être menaçantes – voire avant.

Machiavel complète cette analyse par une autre leçon constitutionnelle, qu'il tire de l'étude de l'histoire de la Rome antique. Dans la mesure où Rome réussit à préserver sa liberté pendant plus de quatre cents ans, on peut penser que ses citoyens avaient repéré les menaces les plus dangereuses pour leurs libertés, et qu'ils avaient fait en sorte de modifier leurs lois afin d'y parer au mieux. Il s'ensuit que si nous voulons comprendre la nature de ces dangers et y remédier, nous devons nous tourner une fois de plus vers l'histoire de la Rome républicaine et nous efforcer de tirer quelque profit de son antique sagesse pour l'appliquer au monde moderne.

Ainsi qu'en témoigne l'exemple de Rome, le premier danger pour une constitution mixte a toujours pour origine la partie de l'opinion à laquelle le régime précédent offrait des avantages. En termes machiavéliens, une telle menace est symbolisée par l'exemple dit des « fils de Brutus » auquel il se réfère pour la première fois dans le chapitre 16, et sur lequel il revient plus tard avec insistance au début du troisième livre des *Discours*. Junius Brutus libéra Rome de la tyrannie de Tarquin le Superbe, le dernier de ses rois ; mais les propres fils de Brutus faisaient partie de tous ceux « qui pouvaient se prévaloir de cette tyrannie » (D., 423 ; D. It., 174). Le rétablissement de « la liberté du peuple » ne leur parut rien d'autre qu'un asservissement et, de ce fait, ils « furent portés à conspirer avec d'autres contre leur patrie parce qu'ils se virent privés, sous les consuls, des avantages dont ils jouissaient sous les rois » (D., 424).

Contre ce genre de risque, « il n'y a pas de remède plus puissant, plus efficace, plus sûr et plus nécessaire que d'abattre les fils de Brutus » (D., 424). Machiavel ne nie pas que l'attitude qui consiste à accepter de « siéger *pro tribunali,* non seulement [pour] condamner ses enfants à la mort, mais [pour] être présent à leur supplice », puisse sembler cruelle. Il ajoute même, sur le ton glacial auquel il recourt en certaines occasions, qu'il s'agit assurément là « d'un exemple rare dans l'histoire des événements humains » (D., 613). Mais il ne manque pas de préciser qu'une telle sévérité est en réalité indispensable. « Qui instaure une tyrannie et ne fait pas périr Brutus et qui rétablit la liberté et n'immole pas les fils de Brutus ne se maintient que peu de temps » (D., 613 ; D. It., 386).

La stabilité politique peut être également menacée par la propension bien connue des républiques indépendantes à se montrer ingrates envers leurs citoyens les plus méritants, et même à les calomnier. Machiavel fait une première allusion à ce défaut dans le chapitre 29, lorsqu'il explique que l'une des erreurs les plus graves qu'un État soit susceptible de commettre en cherchant à « conserver sa liberté » est celle qui consiste « à blesser les citoyens qu'il devrait récompenser » (D., 447). Il peut être particulièrement dangereux de laisser se développer une telle pratique, dans la mesure où ceux qui ont à souffrir d'une telle injustice sont généralement en position de force pour rendre les coups reçus et conduire ainsi la république « à grands pas vers la tyrannie comme cela se vit sous César qui prit par la force ce que l'ingratitude lui refusait » (D., 447 ; D. It., 199).

On peut, dans un tel cas de figure, trouver une parade dans l'institution d'une législation particulière – *ordine* – qui aura pour effet de décourager les envieux et les ingrats de porter atteinte à la réputation des citoyens émérites. Pour ce faire, la meilleure procédure est celle qui consiste à « autoriser l'accusation ». Tout citoyen, s'il considère qu'il a été calomnié, doit avoir la possibilité, « sans avoir rien à redouter de sa démarche » (D., 403), de poursuivre celui qui l'a calomnié devant les tribunaux afin de le contraindre à fournir les preuves du bien-fondé de ses accusations. Si cette procédure « a été suivie et bien respectée » (D., 403 ; D. It., 151) et qu'il apparaît que les accusations portées ne peuvent être soutenues, la loi doit prévoir une punition sévère à l'encontre du calomniateur.

Enfin, Machiavel en vient à discuter ce qu'il considère comme le danger le plus sérieux pour l'équilibre d'une constitution mixte, à savoir le risque constant de voir un citoyen ambitieux fonder un parti qui lui soit tout entier dévoué, et qui s'avère, du même coup, peu soucieux du bien public. Il commence l'analyse de cette cause d'instabilité dans le chapitre 34, pour consacrer ensuite la plus grande partie de la fin du premier livre à l'examen des modalités d'apparition et de développement du phénomène, et à l'étude des lois qui permettraient de colmater définitivement la brèche par où la tyrannie peut venir s'engouffrer.

Le laxisme à l'égard du commandement militaire constitue l'une des conditions susceptibles d'encourager le développement des factions. Machiavel laisse même entendre que c'est « l'autorité prise par quelques-uns » au moyen de la force, plus que tout, qui a probablement réduit « Rome à la condition d'esclave » (D., 456 ; D. It., 209). Lorsque l'on confie « une autorité sans bornes pour un temps très long » (D., 459) [1], cela se fait toujours « au détriment de la liberté » (D., 469). La raison en est qu'un pouvoir absolutiste corrompt toujours le peuple en cherchant à s'y faire « des amis et des partisans » (D., 460). C'est ce qui n'a pas manqué de se produire dans les armées romaines sous la dernière république. « Lorsqu'un citoyen demeurait trop longtemps à la tête d'une armée, celle-ci devenait son armée et les soldats ses partisans » (D., 675 ; D. It., 456) et l'armée, du même coup, « oubliait le Sénat pour ne reconnaître que son chef » (D., 675 ; D. It., 456). C'est ainsi qu'il a suffi à Sylla, à Marius et, plus tard, à César « de trouver des soldats qui, contre l'intérêt collectif, [fussent] prêts à les suivre » pour que l'équilibre constitutionnel se trouve violemment ébranlé et que la tyrannie soit bien vite instaurée (D., 675 ; D. It., 456).

1. Machiavel précise qu'il entend par « très long » une durée d'au moins un an (D. It., 212) *(NdT)*.

La meilleure réponse face à cette menace n'est certainement pas de s'épouvanter à la seule évocation de l'autorité dictatoriale, puisque, dans certaines circonstances où la nation est en danger, la dictature peut représenter l'unique moyen de survie (D., 457-458). La réponse adaptée consiste à s'assurer, au moyen d'un dispositif juridique adéquat, que cette solution n'impliquera aucun abus. Deux conditions doivent être remplies pour parvenir à ce résultat : exiger que le pouvoir absolu « soit conféré pour un temps limité et non pour la vie », et s'assurer que l'exercice de ce pouvoir sera limité au seul cadre de « l'affaire pour laquelle il avait été décrété ». Aussi longtemps que de telles précautions juridiques seront observées, tout danger de corruption se trouvera écarté, ainsi que tout danger d'un « affaiblissement de l'autorité de l'État » dû au pouvoir absolu (D., 457 ; D. It., 210).

Autre cause essentielle de l'apparition des factions : l'influence pernicieuse que peuvent exercer ceux qui sont à la tête d'une fortune personnelle importante. Les gens riches ont toujours la possibilité de faire profiter de leurs faveurs d'autres citoyens, par exemple « en leur prêtant de l'argent, en mariant leurs filles, en les soutenant contre l'autorité des magistrats » (D., 681-682), et, plus généralement, en leur faisant obtenir des avantages de toute nature. Une protection de ce type est extrêmement néfaste dans la mesure où les citoyens ainsi défendus tendent à « dev[enir] les partisans de leurs protecteurs », aux dépens de l'intérêt collectif (D., 628 ; D. It., 464). En outre, elle ne fait qu'accroître le sentiment qu'ont ces gens riches de pouvoir « corrompre la société et violer les lois » (D., 682 ; D. It., 464). Pour toutes ces raisons, Machiavel insiste sur le fait « qu'une telle corruption, ce peu de goût pour la liberté, trouvent leurs racines dans l'inégalité sociale qui caractérise l'État en question » (D., 428 ; D. It., 179) ; on peut expliquer de la même manière ses avertissements répétés sur le fait que « l'ambition des grands est telle, que si par mille voies et mille moyens divers elle n'est pas réprimée dans un État, elle doit bientôt en entraîner la perte » (D., 464).

La seule solution possible, dans une telle situation, est de recommander aux « républiques bien ordonnées » de faire en sorte que le « trésor public soit riche et que les citoyens soient pauvres » (D., 462 ; D. It., 216). Machiavel reste un peu imprécis quant au type de législation – *ordine* – qu'il conviendrait de mettre en place pour atteindre un tel résultat, mais il est toujours éloquent lorsqu'il traite des bénéfices qu'on peut attendre de la mise en œuvre d'une telle politique. Si la loi « maintient les citoyens dans la pauvreté », alors, même dans une situation marquée par « l'absence de richesse et de *virtù* », ils ne pourront « se plonger ou plonger les autres dans la corruption » (D., 658 ; D. It., 437). Si, dans le même temps, les coffres de l'État demeurent pleins, le gouvernement aura toujours la possibilité de démontrer qu'il est plus efficace que les riches lorsqu'il s'agit de conduire une politique destinée à « favoriser le peuple » (D., 489 ; D. It., 247) puisqu'il pourra faire en sorte que les rémunérations dans le service public soient supérieures à celles du secteur privé. Et Machiavel de conclure logiquement que « les lois les plus utiles dans un État qui veut être libre sont celles qui maintiennent les citoyens dans la pauvreté ». Il met alors un point final à cette discussion en usant d'un somptueux effet de rhétorique : il annonce, en effet, qu'il pourrait « démontrer par un discours fort étendu que la pauvreté est beaucoup plus utile que les richesses » si « d'autres écrivains n'avaient pas déjà fréquemment célébré ce point de vue » (D., 677 ; D. It., 459).

En ce point de l'analyse machiavélienne, on peut constater – cela vaut du reste pour l'ensemble du troisième livre – qu'il existe chez lui, sous-jacent à son argumentation générale, un souci permanent du devenir de sa ville natale. En témoigne, entre autres exemples, le fait qu'il commence d'abord par nous rappeler que si un État souhaite préserver sa liberté, il faut que sa constitution lui permette de se protéger contre un vice très répandu : la calomnie des citoyens émérites, ou la mise en doute de la confiance que l'on peut leur accorder. Et l'auteur du *Prince* de souligner aussitôt que ce point « n'a jamais fait l'objet d'un examen attentif » dans la ville de Florence. Quiconque, écrit-il, « lit l'histoire de cette ville, verra à combien de calomnies ses citoyens qui ont eu à charge d'importantes affaires publiques ont pu être en butte à toutes les époques » (D., 403 ; D. It., 151). « Une infinité de malheurs » en ont découlé, qui ont tous contribué à affaiblir les libertés de cette ville, et qui auraient tous pu être facilement évités si seulement avait été mis en place, en temps voulu, « un moyen juridique permettant aux citoyens de porter leurs accusations et autorisant à punir les calomniateurs » (D., 404 ; D. It., 151-152).

Florence avait franchi quelques pas de plus vers l'esclavage lorsqu'elle s'était montrée incapable d'empêcher la formation, par Cosimo de Médicis, d'un parti exclusivement attaché au développement des intérêts de sa famille. Machiavel montre quelle stratégie un État doit adopter pour faire échec aux menées d'un citoyen important qui s'emploie à corrompre le peuple en usant de sa richesse : il convient de le battre sur son terrain, en faisant en sorte qu'aux yeux du peuple le service du bien public apparaisse comme plus rémunérateur. Mais les rivaux de Cosimo de Médicis choisirent au contraire de le mettre à la porte de la cité, ce qui provoqua chez ses partisans un tel ressentiment qu'ils ne tardèrent pas à « le rappeler et [à] le faire maître de la République, rang auquel il ne serait jamais parvenu sans cette opposition ouverte contre lui » (D., 454 ; D. It., 208 ; D., 489).

L'unique occasion qu'eut Florence de conserver sa liberté survint en 1494, lorsque les Médicis furent de nouveau contraints à l'exil, et que la république fut entièrement restaurée. Mais malheureusement, les nouveaux maîtres de la ville, sous la direction de Piero Soderini, commirent à ce moment-là la plus fatale des erreurs ; ils ne surent pas adopter, ainsi que Machiavel le recommande, la seule politique adaptée à la difficile conjoncture que constitue un changement de régime. Quiconque a lu « l'histoire ancienne » sait bien que, dès qu'un pas a été fait « de la tyrannie vers la république », il convient d'immoler « les fils de Brutus » (D., 613). Mais Soderini « crut qu'avec de la patience et de la bonté il parviendrait à vaincre l'obstination de ces fils de Brutus à revenir sous une autre forme de gouvernement » (D., 613 ; D. It., 386) ; il pensait « pouvoir venir à bout de certaines animosités » sans faire couler le sang, et, à force de bienfaits, « désarmer ceux qui lui manifestaient de l'hostilité » (D., 614 ; D. It., 386). Le résultat de cette désarmante naïveté fut que les fils de Brutus – c'est-à-dire les partisans des Médicis – se retrouvèrent en position de l'abattre et de restaurer la tyrannie médicéenne après la débâcle de 1512.

Soderini ne sut pas mettre en pratique le précepte fondamental qui doit guider l'homme d'État machiavélien. Il avait des scrupules à faire le mal, à croire que le bien pouvait en résulter et, partant, se refusait à écraser ses adversaires, considérant qu'il lui faudrait pour cela recourir à des moyens illégaux. Il ne parvint pas à comprendre combien il pouvait être fou de s'accrocher à de tels scrupules quand la défense des libertés de la République était en question. Il aurait dû comprendre que « son œuvre et ses desseins seraient jugés d'après leur succès » (D., 614) et réaliser « qu'ayant eu pour lui la Fortune et la vie, chacun eût été en mesure d'attester qu'il avait toujours agi pour le bien de la patrie et non par ambition personnelle » (D., 614 ; D. It., 387). Il n'en fut pas ainsi, et les conséquences furent on ne peut plus désastreuses. De ce qu'il ne sut pas « ressembler à Brutus », il ne perdit pas seulement « sa position et sa réputation » (D., 614 ; D. It., 387), il perdit sa ville et ses libertés, manquant ainsi l'occasion d'empêcher ses concitoyens de « tomber dans la servitude » (D., 649 ; D. It., 427). On voit ainsi que, tout comme dans le troisième livre, l'argumentation de Machiavel culmine en une violente diatribe contre le chef d'un gouvernement qu'il avait lui-même servi.

La quête d'un empire

Au début du second livre des *Discours,* Machiavel annonce que la question de l'ordre juridique n'a été discutée qu'à moitié. Jusque-là, il a affirmé que si un État voulait atteindre à la grandeur, il lui fallait mettre en place des lois et des institutions telles qu'elles garantissent la possibilité pour les citoyens de faire preuve de la plus grande *virtù* dans la conduite de leurs affaires « intérieures ». Il indique à présent qu'il est tout aussi essentiel de promulguer un autre train de mesures constitutionnelles, qui encourage les citoyens à se comporter avec autant de *virtù* lorsqu'ils ont à s'occuper des affaires « extérieures », expression par laquelle il désigne tout ce qui relève de la défense et des relations diplomatiques avec d'autres royaumes ou républiques (D., 527). Son argumentation occupe la partie centrale du second livre.

Les rapports entre républiques ou monarchies étant toujours d'hostilité et de rivalité, ils rendent nécessaires de nouvelles lois et de nouvelles institutions. Les hommes ne sont jamais « contents de ce qu'ils possèdent », ils sont toujours « tentés de commander les autres » (D., 381 ; D. It., 127). D'où le fait « qu'il est impossible pour une république de demeurer paisible et de jouir de sa liberté » (D., 567 ; D. It., 334-335). Un État qui s'engagerait ainsi au service d'idéaux pacifistes ne manquerait pas d'être rapidement victime des remous incessants de cette vie politique où la fortune de chacun ne cesse de « monter et descendre » sans pouvoir jamais « demeurer stable » (D., 398 ; D. It., 145). La seule solution qui vaille est de considérer l'attaque comme la meilleure forme de défense et d'adopter une politique d'expansion donnant à la patrie la garantie qu'elle « pourra se défendre contre quiconque l'attaque et sera à même d'écraser tous ceux qui pourraient faire obstacle à son expansion » (D., 381 ; D. It., 127). La recherche de l'expansion à l'extérieur apparaît donc bien comme la condition première de la liberté à l'intérieur.

Comme il l'avait fait auparavant, Machiavel se tourne vers l'histoire de la Rome antique pour fonder les principes généraux qu'il vient d'énoncer. C'est ainsi qu'il déclare, dans le premier chapitre de ce deuxième livre, que « jamais État [ne fut] constitué » (D., 513) avec un ensemble de lois aussi bien conçu pour l'expansion et la conquête. Rome devait cet aménagement juridique à Romulus, son premier législateur, qui avait agi avec tant de prévoyance que la ville fut à même de développer depuis ses origines « une *virtù* rare et extrême » (D., 520 ; D. It., 283) dans la conduite de ses affaires militaires. Cela lui permit en retour – grâce aussi à son exceptionnelle bonne Fortune – de parvenir, par une série de brillantes victoires, à son apogée final, synthèse du « plus haut degré de puissance » (D., 525) et de « souveraine grandeur » (D., 530).

Ainsi que Romulus le comprit fort justement, un État qui veut gérer ses affaires « extérieures » de façon satisfaisante doit obéir à deux principes fondamentaux. Il lui est tout d'abord essentiel de disposer du plus grand nombre possible de citoyens pour assurer tant sa politique d'expansion que sa défense. Pour parvenir à ce premier résultat, deux politiques peuvent être mises en œuvre. La première, examinée dans le chapitre 3, consiste à encourager l'immigration : il y a en effet un avantage évident pour un pays, spécialement pour sa main-d'œuvre, « à s'assurer que les étrangers désireux de venir y vivre puissent le faire facilement et en toute sécurité » (D., 522 ; D. It., 285). La seconde, discutée au cours du chapitre 4, consiste « à s'entourer d'associés » (D., 524 ; D. It., 288) : un État doit s'entourer d'un réseau d'alliances sur lesquelles il maintiendra son ascendant, mais qu'il protégera en retour par ses lois, de façon à pouvoir bénéficier de son assistance militaire.

Le second principe fondamental va de pair avec la préférence affichée pour les rassemblements de forces les plus larges possibles. Pour les utiliser au mieux et servir ainsi, le plus parfaitement possible, les intérêts de l'État, il est essentiel que les guerres que l'on mène soient « courtes et grosses » (D., 530). Un précepte que les Romains s'efforcèrent de toujours observer : « Aussitôt la guerre déclarée », invariablement « ils marchaient à l'ennemi avec une armée formidable et lui livraient aussitôt bataille » (D., 530). Et Machiavel, en une conclusion sans appel, affirme qu'il n'est pas de politique « plus sûre, plus forte et plus fructueuse » (D., 531), dans la mesure où elle permet un arrangement avec l'ennemi à partir d'une position de force et pour un coût minime.

Ayant mis en évidence ces grands principes militaires, Machiavel en vient à l'examen d'une série de considérations plus spécifiques touchant à la conduite de la guerre, considérations dont il pense qu'elles lui sont venues de l'étude des succès romains. S'il aborde spécifiquement cette question dans le chapitre 10, elle occupe en fait tout le reste de ce deuxième livre et s'imposera à nouveau à lui – dans un style qui, pour être plus châtié, sera pour l'essentiel identique – dans la section centrale de son ultime traité consacré à *L'Art de la guerre*.

Peut-être faut-il voir dans la formulation négative de toutes les conclusions de ces chapitres l'indice d'un pessimisme croissant quant aux chances de voir renaître l'ancienne *virtù* militaire. Plutôt que d'étudier la manière dont il faudrait s'y prendre pour encourager la *virtù* et développer la grandeur, il s'attache exclusivement aux tactiques et aux stratégies génératrices d'erreurs, qui ne manquent pas d'apporter « la mort et la ruine » et non la victoire (D., 566-567). Le résultat de cette démarche est exposé sous la forme d'une longue liste d'admonestations et de mises en garde. Il est imprudent de faire sienne la maxime qui veut que « l'argent [soit] le nerf de la guerre » (D., 538). Il est préjudiciable « d'être hésitant et lent », ainsi que de « tarder à se décider » (D., 550 ; D. It., 316). Il est complètement faux de croire imminent le moment où la conduite de la guerre « ne se fera plus qu'avec le canon » (D., 556, 560). Il est absurde d'employer des soldats auxiliaires ou mercenaires, argument que Machiavel, ainsi qu'il le rappelle, a déjà développé « très longuement dans un autre de ses ouvrages » (D., 570 ; D. It., 338). Il est inutile en temps de guerre, et nuisible en temps de paix, de faire des forteresses la pièce maîtresse de sa défense (D., 583). Il est dangereux qu'un citoyen « ne reçoive pas la réparation à laquelle il doit s'attendre » s'il a été insulté ou offensé (D., 594). La pire des erreurs, enfin, consiste à « rejeter un accommodement » (D., 592) lorsque l'on est attaqué par des forces supérieures, et à croire, au contraire, que l'on pourra renverser le rapport de forces.

La raison qui pousse Machiavel à condamner ces pratiques est toujours la même : elles méconnaissent toutes que, pour parvenir à la gloire civique, la qualité que l'on doit, plus que toute autre, inculquer à ses propres troupes – celle dont on doit créditer l'armée ennemie – c'est la *virtù ;* c'est-à-dire la volonté de ne tenir aucun compte des considérations d'intérêts et de sécurité personnels, la volonté de ne laisser place qu'à la défense de la liberté de la patrie.

Machiavel fait valoir que certaines des pratiques dont il vient de dresser la liste sont dangereuses, car elles peuvent engendrer une *virtù* dont la caractéristique sera de se retourner contre ceux qui en ont été les adeptes. Pour cette raison, par exemple, se fier à ses forteresses est une erreur. La sécurité qu'elles confèrent « rend plus prompt et plus hardi pour opprimer les citoyens » mais, en retour, « cette oppression allumera chez eux un tel désir de vous abattre que la place forte qui a causé cette haine ne saura vous en défendre » (D., 582 ; D. It., 351). On doit tenir le même raisonnement face à ceux qui s'opposent à la réparation d'une offense. Si un citoyen sent qu'il a été gravement insulté, son sens de l'honneur peut le conduire à trouver en lui une forme de *virtù* telle qu'il risque d'infliger en retour une offense irréparable ; ainsi fit Pausanias, qui assassina Philippe de Macédoine : celui-ci ne l'avait pas laissé se venger après le déshonneur qui lui avait été infligé (D., 594-595).

Dans d'autres cas, le danger provient du fait que le destin de tous peut se retrouver entre les mains de gens parfaitement insensibles à l'intérêt collectif. Cela peut être le cas lorsque des décisions politiques sont prises avec trop de lenteur ou trop d'hésitations. On peut en effet penser que ceux qui font en sorte que l'on ne parvienne pas à une conclusion sont « animés par leurs propres désirs », et cherchent réellement à concourir à « la perte de l'État » (D., 550 ; D. It., 316). La même remarque vaut pour l'utilisation de troupes auxiliaires ou mercenaires. Dans la mesure où ces forces sont totalement corrompues, elles « ne saccagent pas moins le voisin qui les a appelées à l'aide que l'agresseur contre lequel il les a appelées » (D., 571).

L'erreur radicale qui engendre les attitudes les plus dangereuses consiste à ne pas voir qu'en matière militaire, aussi bien qu'en matière civile, la *virtù* est plus importante que tout. Pour cette raison, il peut être désastreux d'évaluer l'ennemi selon sa richesse, alors même que la seule chose qui vaille d'être considérée est sa *virtù :* « C'est avec le fer et non avec l'or qu'on fait la guerre » (D., 539). La même erreur consiste à se fier à son artillerie pour gagner les batailles. Machiavel concède naturellement que les Romains « auraient mené leurs conquêtes bien plus rapidement si l'artillerie avait déjà existé » (D., 559). Mais, selon lui, il est faux de considérer que « sous prétexte du recours à ces armes à feu les hommes ne trouveraient plus l'occasion de manifester leur *virtù* comme ils le faisaient dans l'ancien temps » (D., 556 ; D. It., 322). Il persiste donc à soutenir la thèse assez optimiste selon laquelle, même si « l'artillerie est utile dans une armée conduite selon la règle de l'antique *virtù* » (D., 561), elle n'en reste pas moins « d'aucune utilité contre une armée *virtuoso* » (D., 561 ; D. It., 328). Enfin, les mêmes raisons expliquent qu'il est particulièrement dangereux de se refuser à négocier lorsque l'on est en face d'un ennemi de force supérieure : cela revient à exiger des troupes plus qu'il n'est possible, quand bien même seraient-elles plus *virtuosi,* et donc « à jouer le résultat sur un coup de Fortune » ; ce que « nul sage ne risque jamais que s'il y est contraint » (D., 592 ; D. It., 362).

Comme dans les autres livres des *Discours,* l'examen de l'histoire romaine conduit Machiavel à conclure cette section sur une comparaison navrante entre la corruption absolue qui règne dans sa ville natale et la *virtù* exemplaire du monde antique. Les Florentins auraient pu facilement prendre acte « des moyens utilisés par les Romains » pour conduire leurs affaires militaires, et ils « auraient pu par conséquent suivre leur exemple » (D., 569 ; D. It., 337). Mais ils n'ont tenu aucun compte des méthodes employées par les Romains, et ont ainsi donné dans tous les pièges possibles (D., 527). Les Romains avaient parfaitement compris le danger inhérent à l'indécision quelle qu'elle soit. Les dirigeants de Florence ne surent jamais mettre à profit cette évidente leçon de l'histoire, et il en résulta « de la honte et des détriments pour notre République » (D., 550 ; D. It., 315-316). Les Romains ont toujours reconnu l'inutilité des troupes auxiliaires et mercenaires. Pourtant, dit Machiavel, les Florentins, à l'instar de bien d'autres républiques et monarchies, sont, aujourd'hui encore, inutilement humiliés par la confiance qu'ils mettent dans ces troupes aussi lâches que corrompues (D., 570-572). Les Romains comprirent que, pour s'assurer de leurs alliés, ils ne devaient pas « bâtir dans leurs pays quelques forteresses qui les obligeassent à demeurer fidèles », car une telle politique n'engendre que le ressentiment et l'insécurité. A l'inverse, « on ne cesse de dire à Florence, à commencer par les plus sages, que Pise et les autres villes de même rang ne peuvent être tenues que par des forteresses » (D., 580 ; D. It., 349). Finalement, dans la plus grande douleur, Machiavel en vient à évoquer la manœuvre qu'il a déjà désignée comme la plus irrationnelle de toutes, celle qui consiste à refuser de négocier avec un ennemi de force supérieure. Toute l'histoire ancienne témoigne de ce qu'une telle attitude revient à défier la Fortune de la manière la plus imprudente qui soit. Or, c'est très précisément ce que firent les Florentins, lorsque les armées de Ferdinand pénétrèrent sur le sol de leur patrie durant l'été 1512. A peine les Espagnols avaient-ils franchi la frontière qu'ils se trouvèrent confrontés à des problèmes d'intendance et cherchèrent à ménager une trêve. Mais « le peuple de Florence, rendu présomptueux », ne voulut pas l'accorder (D., 592). Le résultat ne se fit pas attendre, ce fut le sac de Prato, la reddition de Florence, l'effondrement de la république et la restauration de la tyrannie médicéenne, toutes choses qui auraient pu facilement être évitées. Comme précédemment, Machiavel se sent obligé de conclure sur une note de colère presque désespérée contre les inconséquences d'un régime qu'il a lui-même servi.

4
L'historien de Florence

L'objet de l'histoire

Peu de temps après qu'il eut achevé les *Discours,* la roue de la Fortune tourna et apporta à Machiavel ce qu'il avait toujours sollicité, le parrainage du gouvernement des Médicis. Laurent de Médicis – auquel il avait redédicacé *Le Prince,* après la mort de Giuliano en 1516 – mourut prématurément trois ans plus tard. Le cardinal Giulio, son cousin, qui devait être élu pape peu après sous le nom de Clément VII, lui succéda à la direction des affaires de Florence. Or, le cardinal connaissait l'un des amis les plus proches de Machiavel, Lorenzo Strozzi, auquel Machiavel devait dédicacer plus tard son *Art de la guerre.* Grâce à cette relation, Machiavel s'efforça d'obtenir une introduction à la cour des Médicis en mars 1520, et, peu de temps après, on lui laissa entendre qu'un emploi – littéraire sinon diplomatique – pourrait lui être proposé. Cette fois, ses espérances ne devaient pas être déçues, et, en novembre de la même année, il obtint des Médicis la charge officielle d'écrire l'histoire de Florence.

La rédaction des *Histoires florentines (Istorie fiorentine)* devait occuper Machiavel pendant presque tout le temps qu'il lui restait à vivre. C'est la plus longue de toutes ses œuvres, celle pour laquelle il dispose du plus de temps, celle aussi où il suit les prescriptions littéraires de ses maîtres classiques favoris avec le plus de soin. L'historiographie classique – et donc, tout aussi bien, l'historiographie humaniste – reposait sur deux dogmes fondamentaux : d'une part toute œuvre d'histoire devait être porteuse de préceptes moraux, d'autre part, et en conséquence, son contenu devait être choisi et organisé de manière à mettre en valeur les leçons appropriées avec le maximum de force. Salluste n'avait pas manqué de laisser un exposé éloquent de ces deux principes. Dans son ouvrage *La Guerre de Jugurtha,* il explique que l'historien doit se fixer pour objectif de réfléchir sur le passé d'une manière « utile » et « utilisable ». Et dans *La Conjuration de Catilina,* il en vient à la conclusion que la meilleure méthode est celle qui consiste à « sélectionner tel ou tel épisode », qui paraît « digne d'être retenu », plutôt que d'essayer de donner une chronique complète des événements.

Machiavel se montre très discipliné dans la mise en œuvre de ces deux principes, comme en témoigne la façon dont il ménage, dans son récit, la succession des moments forts de l'histoire. Le livre II, par exemple, s'achève sur le récit édifiant de la façon dont le duc d'Athènes soumit Florence à sa tyrannie en 1342, puis sur la manière dont il fut chassé du pouvoir dans le courant de l'année suivante. Le livre III traite ensuite, presque sans transition, d'un autre événement exemplaire – la révolte des Ciompi en 1378 –, laissant en blanc l'intervalle d'un demi-siècle qui sépare les deux épisodes. De la même manière, ce livre III se conclut sur la description des réactions qui firent suite à la révolution de 1378, et le livre IV s'ouvre, après une parenthèse d'encore quarante années, sur une discussion concernant la manière dont les Médicis s'y prirent pour accéder au pouvoir.

Selon un autre principe humaniste, les leçons historiques les plus salutaires devaient être enseignées de la manière la plus impressionnante possible ; l'historien devait cultiver un style rhétorique approprié, ainsi que l'affirme Salluste dans les premières pages de *La Conjuration de Catilina.* Salluste précise même que l'historien doit relever un défi particulier : « Le style et le ton doivent être en accord avec les faits rapportés. » Machiavel prit également ce précepte très au sérieux, au point que durant l'été 1520 il décida de composer un « modèle » stylistique pour l'écriture de l'histoire, document qu'il fit circuler parmi ses amis des *Orti oricellari* pour recueillir leurs commentaires. Pour ce faire, il choisit comme thème la biographie de Castruccio Castracani, tyran qui domina la ville de Lucques au début du XIVe siècle. Mais les détails de la vie de Castruccio – dont certains sont purement et simplement inventés par Machiavel lui-même – ont moins d'intérêt pour lui que le travail qui consiste à les sélectionner et à les assembler selon un ordre qui soit à la fois impressionnant et instructif. La description de la naissance de Castruccio, sur laquelle s'ouvre cet essai, est une pure fiction ; mais c'est pour Machiavel l'occasion de produire une brillante dissertation sur le pouvoir de la Fortune dans les affaires des hommes (C. C., 913-914). La description du moment où le jeune Castruccio – qui fut éduqué par un prêtre – « commence à prendre les armes » (C. C., 915) donne également à Machiavel l'occasion de prendre position dans le débat classique qui oppose le goût pour les lettres et le goût pour les armes. L'oraison funèbre prononcée par le tyran repentant s'inscrit elle aussi dans la meilleure tradition de l'historiographie ancienne (C. C., 934-935). L'histoire s'achève sur une série de traits d'esprit de Castruccio, qui sont, pour la plupart, directement empruntés à l'ouvrage de Diogène Laërce, *Vies, Doctrines et Sentences des philosophies illustres,* et insérés dans le texte par pur souci de rhétorique (C. C., 936-940).

Ses amis Alamanni et Buondelmonti reçurent cette *Vie de Castruccio* comme une sorte de répétition générale du travail, plus important, que Machiavel espérait pouvoir entreprendre. Dans une lettre d'hommage à l'envoi datée de septembre 1520, Buondelmonti parle de la *Vie* comme d'un « modèle pour votre histoire », et il ajoute que, pour cette raison, il pense préférable de discuter le manuscrit « spécialement du point de vue de la langue et du style ». Il réserve ses éloges les plus chaleureux aux envolées rhétoriques, affirmant que l'oraison funèbre inventée l'a diverti « plus que toute autre chose » (L. II, 424 ; C. It., 395, n. 9). Et il tient ainsi à Machiavel le discours que celui-ci espérait bien entendre alors qu'il s'apprêtait à se lancer dans l'aventure que constituait l'exploration de ce nouveau champ littéraire : « Il nous semble à tous que vous devriez vous atteler le plus rapidement possible à la rédaction de votre Histoire » (L. II, 424).

Lorsque, quelques mois plus tard, Machiavel se mit sérieusement au travail pour rédiger ses *Histoires florentines,* son arsenal stylistique était fin prêt. Le livre est conçu sous la forme la plus aphoristique et la plus antithétique qui soit, et l'on y retrouve, sous un habillage rhétorique, les thèmes majeurs de ses ouvrages politiques. Dans le livre II, par exemple, l'un des *signori* oppose au duc d'Athènes un discours enflammé sur « ce nom de liberté qu'aucune force ne dompte, qu'aucun temps n'efface, qu'aucun mérite ne balance » (H., 1049). Dans le livre suivant, un simple citoyen déclame, à l'adresse des *signori,* une tirade tout aussi hautaine sur le thème de la *virtù* et de la corruption, et sur l'obligation faite à tout citoyen de toujours servir l'intérêt public (H., 1071-1075). Et dans le livre V, Rinaldo degli Albizzi essaie de s'assurer le concours du duc de Milan contre le pouvoir grandissant des Médicis au moyen d'un autre discours sur la *virtù,* la corruption et le devoir de servir une patrie qui « chérit tous ses enfants également » et non une autre « [qui] écarte de son sein le plus grand nombre d'entre eux [et] ne prodigue ses bienfaits qu'à quelques citoyens » (H., 1181).

Enfin, selon la règle cardinale que les humanistes avaient apprise de leurs maîtres antiques, l'historien devait accorder toute son attention aux hauts faits des ancêtres pour encourager ses contemporains à imiter leurs actions les plus nobles et les plus glorieuses. Bien que les grands historiens romains n'aient jamais fait preuve de beaucoup d'optimisme dans leurs conceptions du monde et qu'ils se soient fréquemment étendus sur le développement de la corruption, cela ne les empêcha pas d'insister avec la plus grande véhémence sur l'obligation faite à l'historien de rappeler à son lecteur que des jours meilleurs ont existé. Salluste expliquait ainsi, dans *La Guerre de Jugurtha,* que c'est seulement en gardant vivante « la mémoire des grands faits » que l'on peut espérer allumer « dans le cœur des hommes nobles » une ambition « qui ne pourra s'éteindre que lorsque, par leur propre *virtù,* ils auront atteint à la renommée et à la gloire de leurs aïeux ». C'était d'abord ce goût pour le panégyrique, censé caractériser le travail de l'historien, que les humanistes de la Renaissance avaient retenu de leur étude de Tite-Live, de Salluste et de leurs contemporains. On en trouve un exemple remarquable dans l'exposé des buts de l'histoire que contient la dédicace de *L'Histoire du peuple florentin* que le chancelier Poggio Bracciolini acheva dans les années 1450. L'auteur y affirme que « le plus grand service que peut rendre une histoire réellement vraie » réside en ceci que « l'on peut y observer ce qui peut être réalisé grâce à la *virtù* des hommes les plus exceptionnels ». On y voit comment de tels hommes furent mus par le désir « pour la gloire, pour la liberté de leur patrie, pour le bien de leurs enfants, pour les dieux et pour toutes les choses de la terre ». Et l'on finit par se trouver soi-même « si enthousiasmé par leur merveilleux exemple que tout se passe comme s'ils ne nous avaient éperonnés » que pour que nous rivalisions avec leur grandeur.

Il ne fait aucun doute que Machiavel connaissait parfaitement cet aspect de l'historiographie humaniste, puisqu'il se réfère avec admiration au travail de Poggio dans la préface de ses propres *Histoires florentines* (H., 945). Mais c'est au moment même où il se soumet avec tant de sérieux aux normes de l'approche humaniste qu'il bouleverse soudainement toutes les espérances qu'il avait fait naître. Au début du livre V, lorsqu'il en vient à l'examen de l'histoire de Florence au cours du siècle précédent, il déclare que « les actions de nos princes, tant au-dedans qu'au-dehors, ne nous inspirent pas cette admiration que suscitent en nous celles des anciens à cause de leur *virtù* et de leur grandeur » (H., 1170-1171). Il ajoute qu'il lui est impossible de « célébrer le courage des soldats, la *virtù* des capitaines ou le patriotisme des citoyens » (H., 1171). Le seul monde que l'on puisse décrire, dit-il, est un monde dans lequel la corruption ne cesse de gagner, un monde où l'on voit « toutes les fourberies, ruses et artifices qu'ont mis en œuvre les princes, les capitaines et les chefs des républiques pour maintenir une considération qu'ils n'avaient point méritée » (H., 1171). Machiavel en arrive donc à opérer un renversement complet par rapport à ce qui avait été dit précédemment de l'objet de l'histoire : au lieu de raconter une histoire qui « enflamme les hommes libres du désir d'imiter les anciens », il aspire à « leur apprendre à éviter et à arracher de leur cœur cette lâcheté contemporaine » (H. 1171).

Les *Histoires florentines* composent donc un ouvrage construit autour des thèmes de la décadence et de la chute. Le livre I raconte l'effondrement de l'Empire romain à l'ouest et l'invasion de l'Italie par les barbares. La fin de ce premier livre et le début du deuxième racontent ensuite comment « de nouvelles républiques et de nouveaux territoires, surgis des ruines romaines, montrèrent tant de *virtù* » (H., 1170) qu'ils « parvinrent à délivrer et défendre l'Italie du joug des barbares » (H., 1170). Mais passé cette période, celle des modestes succès, Machiavel organise le reste de son récit – du milieu du livre II à la fin du livre VIII, qui traite des années 1490, terme de ses *Histoires* – comme la chronique de la corruption croissante et de l'effondrement. Le nadir est atteint en 1494 lorsque advient l'ultime humiliation : l'Italie « s'offre de nouveau au joug » des barbares qu'elle avait précédemment boutés hors de la péninsule (H., 1170).

Le déclin et la chute de Florence

La corruption constitue le thème central des *Histoires florentines :* Machiavel décrit comment ses effets pervers s'étendent sur Florence, étranglent ses libertés pour finalement la précipiter dans la tyrannie et la disgrâce. Tout comme dans les *Discours* – dont il suit la trame de très près –, il distingue deux domaines principaux au sein desquels le virus de la corruption est prêt à se diffuser, et après avoir tracé une distinction entre ces deux aires dans sa préface, il s'appuie sur elle pour organiser l'ensemble de son récit. Il signale d'abord le danger permanent de corruption lié à la conduite de la politique « étrangère », qui se caractérise surtout par un penchant à diriger la défense du pays avec une indécision et une lâcheté croissantes. Il considère ensuite un danger du même ordre lié aux « affaires intérieures », dans lesquelles le développement de la corruption se manifestera principalement sous la forme des « discordes civiles et des inimitiés domestiques » (H., 945).

Machiavel examine le premier de ces deux dangers dans les livres V et VI, où il traite principalement de l'histoire des relations extérieures de Florence. Cependant, il n'entreprend pas, comme il l'avait déjà fait dans les *Discours,* de donner une analyse détaillée des fautes et des erreurs stratégiques commises par la ville. Il se contente d'offrir une série d'illustrations ironiques de l'incompétence militaire de Florence. Il peut ainsi respecter la forme du récit historique qu'imposait la tradition humaniste – on devait toujours lire le récit élaboré de batailles célèbres – tout en le parodiant dans son contenu. Le montage qu'effectue Machiavel est tel que tous les engagements militaires qu'il évoque paraissent absolument ridicules, et bien éloignés de tout esprit martial, de toute idée de gloire. Lorsqu'il parle par exemple de la grande bataille de Zagonara, qui fut livrée en 1424 au début de la guerre contre Milan, il commence par observer qu'elle fut considérée à cette époque comme une retentissante défaite pour Florence et « rapportée comme telle partout en Italie » (H., 1126). Puis il ajoute qu'à l'exception de trois Florentins qui, « étant tombés de cheval, furent ensevelis dans un bourbier », cette bataille ne fit aucune victime. Plus loin, il traite, dans le même esprit satirique, de la fameuse victoire remportée par les Florentins à Anghiari en 1440. Pendant cette longue bataille, remarque-t-il, « il n'y eut de tué qu'un seul homme, qui encore ne périt pas de ses blessures ou de quelque maître coup, mais qui tomba de cheval et mourut foulé aux pieds des chevaux » (H., 1224).

Le reste des *Histoires florentines* est consacré à la pitoyable chronique du développement de la corruption à l'intérieur de la ville de Florence. Lorsque Machiavel entreprend de traiter le sujet, au début du livre III, il commence par dire clairement que lorsqu'il parle de corruption intérieure, il a surtout en tête – comme dans les *Discours* – la déviation qui consiste à édicter des lois et à mettre en place des institutions non « dans l'intérêt de tous » (H., 1067), mais pour satisfaire des appétits individuels ou sectaires. Il critique ses grands prédécesseurs, Bruni et Poggio, qui, dans leurs histoires de Florence (H., 941), n'ont pas prêté à ce danger l'attention qui convenait. Et il justifie l'extrême attention qu'il porte pour sa part à cette question en insistant sur le fait que les inimitiés qui apparaissent lorsqu'une collectivité perd, de cette manière, sa *virtù* « amènent avec elles tous les maux qui peuvent assaillir une république » (H., 1066). Le triste exemple de Florence est là pour en témoigner.

Bien sûr, en ouvrant cette partie de ses *Histoires*, Machiavel concède qu'il y aura toujours, dans une république, « des querelles entre la noblesse et le peuple », querelles qui proviennent « du désir que la première a de commander et que le second a de ne pas lui obéir »

(H., 1066). Comme dans les *Discours,* il est bien loin de considérer qu'il faut supprimer ces oppositions. Il répète au contraire ce qu'il avait dit auparavant, que « certaines rivalités nuisent aux États alors que d'autres leur sont utiles. Les premières sont celles qui enfantent des partis et des partisans, les secondes sont celles qui se prolongent sans prendre ce caractère » (H., 1288). En conséquence, le but poursuivi par un législateur prudent ne sera pas « d'empêcher les rivalités », mais de s'assurer seulement « de les empêcher de devenir des factions » fondées sur ces rivalités, dont l'apparition est inévitable (H., 1288).

Les rivalités qui se sont développées à Florence ont toujours été le fait de factions. La ville a donc été l'une de ces infortunées communautés condamnées à naviguer entre deux extrêmes aussi ruineux l'un que l'autre : il ne s'agissait pas tant de se repérer entre la « liberté » et la « servitude » qu'entre la « licence et la tyrannie » (H., 1119). La multitude fut le « pourvoyeur de la licence », tandis que les puissants furent ceux de la tyrannie. La république impuissante s'est ainsi trouvée ballottée, « allant et revenant de la tyrannie à la licence, de la licence à la tyrannie » (H., 1119), les oppositions à chacun de ces partis étant trop fortes pour qu'aucun d'eux puisse imposer la stabilité pendant quelque temps.

Pour Machiavel, l'histoire de Florence depuis le XIIIe siècle apparaît donc comme une succession de mouvements violents entre ces deux extrêmes, mouvements au cours desquels la ville et ses libertés ont même été mises en pièces. Le livre II s'ouvre sur le début du XIVe siècle au moment où les nobles sont au pouvoir. Nous sommes ainsi directement confrontés à la tyrannie du duc d'Athènes en 1342, alors que les citoyens assistent à « l'anéantissement de la majesté de leur État, au renversement de leurs institutions et à l'abolition de leurs lois » (H., 1053). Ils sont ainsi conduits à se retourner contre le tyran et à instaurer avec succès un gouvernement populaire. Mais, dans le livre III, au fur et à mesure que le récit progresse, nous assistons à la dégradation de ce mouvement et à l'instauration de la licence, car c'est la « foule effrénée » (H., 1092) qui s'efforce alors de s'emparer du pouvoir républicain en 1378. Puis le balancier de l'histoire repart dans l'autre sens au profit des « magnats qui [ont] embrassé le parti du peuple » (H., 1121) et qui, vers le milieu du XVe siècle, tentent une fois de plus de restreindre les libertés publiques et de faire la litière d'une nouvelle forme de tyrannie.

Il est vrai que lorsque Machiavel parvient à la phase finale de son récit, dans les livres VII et VIII, son style et son argumentation se modifient, deviennent moins directs et plus prudents. C'est qu'en ce point, il est dans l'obligation d'évoquer l'ascension des Médicis ; il sent bien alors qu'une certaine indulgence s'impose, puisque c'est par la grâce de cette famille qu'il lui a été possible d'écrire ses *Histoires florentines.* Bien qu'il se donne un mal considérable pour dissimuler son hostilité, il n'est pas difficile de discerner ce qu'il pense vraiment de l'apport des Médicis à l'histoire de Florence : il suffit pour cela de rapprocher certaines parties de son argumentation, qu'il a pourtant pris grand soin de séparer.

Le livre VII débute par une importante discussion sur le moyen le plus insidieux grâce auquel un citoyen important pourrait corrompre le peuple et provoquer des divisions afin de s'emparer du pouvoir absolu. Cette question a déjà été largement abordée dans les *Discours,* et Machiavel prend un plaisir évident à reproduire ici son analyse antérieure. Il considère que le plus grand danger est de laisser les riches utiliser leur richesse pour « s'attirer des partisans qui ne les suivront que par intérêt personnel » (H., 1288) au lieu de défendre l'intérêt public. Il ajoute qu'on peut obtenir ce genre de résultat de deux manières. L'une consiste à « rendre service aux uns et aux autres, à protéger les simples citoyens contre l'autorité des magistrats, à leur donner des secours d'argent et des honneurs immérités » (H., 1288). L'autre suppose que « l'on capte la faveur populaire par des largesses et des jeux publics » (H., 1288) au prix de dépenses ostentatoires, mais néanmoins calculées, destinées à gagner une fausse popularité, à endormir le peuple et à lui dérober plus aisément ses libertés.

Si maintenant on examine les deux derniers livres des *Histoires florentines* à la lumière de cette analyse, on prend la mesure de l'aversion de Machiavel ; elle fait contrepoids au versant démonstratif et exubérant des descriptions qu'il a commencé à donner des différents gouvernements des Médicis. Cela commence avec Cosimo, qu'il crédite d'un superbe panégyrique dans le chapitre 5 du livre VII, lui reconnaissant notamment « d'avoir été [l'homme] le plus illustre qui ait jamais existé », du fait, non seulement « [de] son influence et [de] sa richesse, mais aussi [du fait de] sa libéralité ». Très vite, cependant, il est clair que Machiavel prête une attention toute particulière au fait qu'au moment de sa mort « il ne se trouva pas un citoyen de quelque importance auquel Cosimo n'eût prêté de grosses sommes d'argent » (H., 1294). Quant aux conséquences sinistres qui n'ont pas manqué d'accompagner une magnificence aussi calculée, elles ont déjà été soulignées. Machiavel examine ensuite la brève carrière du fils de Cosimo, Piero de Médicis. Il le présente dans un premier temps comme « louable et bon » (H., 1303), mais nous apprend bien vite que son sens de l'honneur se manifestait surtout par sa participation à quelques tournois de chevalerie et à d'autres festivités. Cette splendeur supposait des aménagements tels que la ville entière se trouvait mobilisée pendant des mois pour les préparer. Sur les effets désastreux de cette mobilisation démagogique des masses, nous avons, comme précédemment, été amplement informés... Finalement, lorsque Machiavel en vient à traiter du règne de Laurent le Magnifique – c'est-à-dire de l'époque de sa propre jeunesse –, il ne se donne guère de peine pour masquer son antipathie croissante. Il en vient à déclarer que « les largesses et la fortune » des Médicis avaient si bien accompli leur œuvre de corruption que « le peuple avait été rendu sourd » à toute idée de renversement de la tyrannie médicéenne, et qu'en conséquence, « la liberté était devenue inconnue dans Florence » (H., 1350).

La disgrâce finale

Nonobstant la chute de Florence dans une nouvelle tyrannie, et le retour des barbares, Machiavel ne manque pas de se réconforter en disant que l'Italie a été épargnée par le pire des avilissements. En dépit de leurs conquêtes, les barbares n'ont pas réussi à faire passer sous leur joug les plus grandes villes italiennes. Et Machiavel note ainsi, dans *L'Art de la guerre*, que Tortona a été mise à sac « mais pas Milan, Capoue mais pas Naples, Brescia mais pas Venise », et finalement, symbole des symboles, « Ravenne, mais pas Rome » (A. G., 787).

Machiavel, pourtant, aurait pu être mieux inspiré, il aurait pu se garder de défier ainsi la Fortune avec tant d'assurance et de confiance. En mai 1527, en effet, l'impensable se produit. L'année précédente, en 1526, pour tenter de récupérer les possessions italiennes qu'il avait dû abandonner aux mains des forces impériales après son écrasante défaite de 1525, François Ier s'était traîtreusement associé à une ligue. Relevant ce nouveau défi, Charles V ordonne à ses troupes d'entrer à nouveau en Italie au printemps 1527. Mais ses soldats sous-payés sont indisciplinés, et, au lieu de s'attaquer aux objectifs militaires assignés, avancent directement sur Rome. Ils entrent dans la ville sans défense le 6 mai, et la mettent à sac pendant quatre jours marqués par des massacres qui stupéfièrent et horrifièrent la chrétienté tout entière.

Avec la chute de Rome, le pape Clément VII assista au naufrage de sa vie. Perdant le soutien pontifical, le gouvernement florentin des Médicis, qui était devenu de plus en plus impopulaire, s'effondra immédiatement. Le 16 mai, le conseil de la ville se réunit pour proclamer la restauration de la république et, le matin suivant, les jeunes princes Médicis quittèrent la ville pour prendre la route de l'exil.

Pour Machiavel, dont on connaît les sympathies républicaines résolues, la restauration d'un gouvernement libre à Florence aurait dû sonner l'heure du triomphe. Mais, compte tenu de ses liens avec les Médicis qui, depuis six ans, lui avaient versé un salaire régulier, il dut apparaître aux yeux de la jeune génération républicaine comme n'étant qu'un « client » vieillissant et anonyme de la tyrannie discréditée. Bien qu'il semblât avoir conservé quelque espoir de retrouver son ancienne fonction à la seconde chancellerie, il ne fut pas question de lui attribuer le moindre poste dans le nouveau gouvernement antimédicéen.

Cette ironie de l'histoire semble avoir profondément atteint Machiavel, dans son esprit d'abord, dans son corps ensuite, puisque c'est peu de temps après ces événements qu'il sera atteint d'un mal dont il ne se relèvera pas.

L'histoire selon laquelle il aurait fait appeler un prêtre auprès de son lit de mort pour faire une ultime confession est de celles que bien des biographes ont répétées, mais c'est, indubitablement, une pieuse invention posthume. Tout au long de sa vie, Machiavel considéra les serviteurs de l'Église avec dédain, et rien n'autorise à penser qu'il changea d'opinion au moment de sa mort. Entouré de sa famille et de ses amis, Machiavel mourut le 21 juin, et fut enterré le lendemain à Santa Croce.

Faire vivre et parler Machiavel au-delà de la mort, proposer, de sa philosophie, des synthèses aussi définitives qu'exhaustives, voilà bien un genre d'exercice auquel, sans aucun doute, il se prête plus qu'aucun autre théoricien de la politique. Cela commença immédiatement après sa mort, et s'est poursuivi jusqu'à nos jours. Certains des premiers critiques de Machiavel, tel Francis Bacon, étaient prêts à concéder que « nous sommes largement redevables à Machiavel et à quelques autres, qui ont écrit à propos de ce que les hommes font, plutôt que sur ce qu'ils devraient faire ». Mais, dans leur grande majorité, les premiers lecteurs de Machiavel furent si choqués par les perspectives qu'il avançait, qu'ils le dénoncèrent tout simplement comme une créature du diable, voire comme Old Nick, le diable lui-même. Au contraire, la plupart des commentateurs modernes de Machiavel ont examiné ses conceptions, même les plus scandaleuses, avec une bienveillance délibérée. Toutefois, certains d'entre eux, Leo Strauss et ses disciples notamment, ont continué, de la manière la plus impénitente qui soit, à soutenir le point de vue traditionnel selon lequel, pour user des termes mêmes de Strauss, Machiavel ne peut être caractérisé que comme « un apôtre du Mal ».

L'historien se doit avant tout d'être un témoin neutre et non un juge féroce. Je me suis efforcé de procéder ainsi, tout au long de ce livre. J'ai tenté de retrouver le passé pour le confronter au présent, en m'efforçant de m'abstenir d'utiliser des critères modernes, critères nécessairement éphémères et limités, pour valoriser ou déprécier ce passé. Comme nous le rappelle fièrement l'inscription gravée sur la tombe de Machiavel : « Aucun éloge n'atteindra jamais à la grandeur de ce nom. »

Postface

par Michel Plon

En 1978, à l'âge de trente-sept ans, Quentin Skinner est élu professeur de science politique à l'université de Cambridge.

Cette même année, il publie un important ouvrage en deux volumes [1] consacré à l'analyse du développement, à l'époque de la Renaissance et de la Réforme, des éléments constitutifs de l'édifice juridico-politique moderne, ceux de notre État contemporain, qu'il soit d'essence libérale ou conservatrice, voire d'inspiration marxiste.

Depuis lors, en Angleterre, aux États-Unis, partout où la langue et la culture anglaises sont dominantes ou même simplement familières, il n'est plus nécessaire de présenter Quentin Skinner. Il est, dans ce qu'il est convenu d'appeler le domaine des sciences humaines et sociales, l'un des penseurs les plus importants et les plus novateurs de sa génération. Sa démarche a bousculé les frontières académiques des disciplines classiques, pour se situer à ce carrefour stratégique de la connaissance, où viennent se rencontrer, parfois se heurter, la philosophie, l'histoire, la théorie politique mais aussi la linguistique et la critique littéraire.

1. Quentin Skinner, *The Foundations of Modern Political Thought*, Cambridge, Cambridge University Press, 1978, 2 volumes.

En France, les travaux de Quentin Skinner ne sont connus aujourd'hui que d'une petite minorité de spécialistes et leur sort ne diffère pas de celui que l'on réserve généralement, dans notre pays, à la production philosophique de langue anglaise.

Certes, au gré des conjonctures, des modes et des rejets, des efforts ont été périodiquement faits, à Paris mais aussi à Cambridge ou à Oxford, pour créer les conditions d'un véritable dialogue entre cette philosophie d'inspiration anglaise et celle du continent. Des rencontres ont été organisées, ainsi que des échanges et des traductions [1]. Mais quels qu'aient pu être les résultats de ces diverses entreprises – des résultats au demeurant non négligeables – un sentiment d'étrangeté est demeuré dominant entre les deux rives du *Channel*.

Il n'y a pas si longtemps, Shoshana Felman a proposé une brève approche théorique du phénomène constitué par la répétition de ces rencontres inabouties. Recherchant les possibilités d'une articulation entre certaines thèses de J.L. Austin et certains points forts de la théorie lacanienne, elle a fait valoir que ces échecs répétés constituent « ...un exemple spectaculaire et symptomatique de l'*impénétrabilité* des mentalités linguistiques, de l'hétéronomie radicale des façons de penser déterminées par des langues étrangères l'une à l'autre [2] ».

Par ce rappel élégant d'une thématique inspirée de la

1. Cf. notamment : *La Philosophie analytique, Cahiers de Royaumont, Philosophie n° IV*, Paris, Éditions de Minuit, 1962. « Les philosophes anglo-saxons par eux-mêmes », *Critique*, 1980, n° 399-400. Et plus récemment, en sens inverse, le numéro de la revue *Confrontation* (1989, n° 20) consacré au thème « Après le sujet Qui vient », version française quasi intégrale du numéro spécial de la revue américaine *Topoi* paru en octobre 1988 sous le titre : « Who is coming after the Subject ».

2. Shoshana Felman, *Le Scandale du corps parlant. Don Juan avec Austin, ou la séduction en deux langues*, Paris, Éditions du Seuil, 1980, p. 118-119.

philosophie analytique, Shoshana Felman nous invite à la prudence. Une présentation, aussi brève soit-elle, de l'œuvre de Quentin Skinner se doit de chercher à éviter autant que possible tout ce qui pourrait conduire à un « mal-entendu », les classifications réductrices aussi bien que les généralisations abusives.

Il y aurait, par exemple, quelque légèreté à laisser croire au lecteur français que Quentin Skinner est essentiellement, voire exclusivement, un spécialiste de Machiavel. Quentin Skinner – on a pu s'en rendre compte – est certes un orfèvre en matière d'études machiavéliennes ; cependant la lecture skinnérienne de Machiavel ne prend tout son sens qu'une fois précisées sa place et ses modalités dans l'ensemble de l'œuvre. Mais encore faut-il auparavant replacer cette œuvre dans le contexte plus large de la réflexion anglaise contemporaine sur le procès de connaissance.

On s'égarerait tout aussi gravement si, pour situer Quentin Skinner, on se contentait d'évoquer « la » philosophie analytique, comme si celle-ci formait un tout harmonieux, à l'abri des conflits et des contradictions. Si par ses références, son argumentation, mais aussi son extraordinaire précision, on est conduit à inscrire l'œuvre de Quentin Skinner dans le sillage, déjà ancien, laissé par ceux qui furent les premiers disciples du Wittgenstein des *Investigations philosophiques,* c'est pour bien vite préciser qu'avant d'être philosophe – ou peut-être simultanément –, Quentin Skinner est un historien, plus spécialement un historien des idées politiques. Ne serait-ce qu'en cela, il se distingue déjà de ce qui caractérise les philosophes analytiques dans leur majorité : leur peu d'intérêt pour l'histoire.

Historien et philosophe concerné par le langage, par ces « jeux de langage » que Wittgenstein mettait au fondement de toute pratique sociale, Quentin Skinner est encore plus directement concerné, au point d'en faire un usage original, par la doctrine générale des actes illocutoires de J.L. Austin, plus connue en France sous le nom de théorie du performatif [1]. Historien des idées politiques, érudit machiavélien mais aussi spécialiste de Hobbes, fin lecteur de Luther et de tous les grands textes de la Réforme, théoricien de l'action politique conçue comme constitutive d'une structure sociale envisagée sous l'angle des relations de pouvoir, analyste de textes, Quentin Skinner est effectivement tout cela. A ce titre, il suscite un respect largement partagé, soulève l'enthousiasme de bon nombre de chercheurs et d'étudiants, mais s'attire aussi les critiques sévères de certains de ses collègues, et provoque la polémique en Angleterre, aux États-Unis et au Canada, comme en témoigne un ouvrage récent qui lui est entièrement consacré [2].

La question liminaire que se pose Quentin Skinner revêt une allure méthodologique qui s'apparente au style de questionnement propre à la philosophie analytique. Il se demande quelles sont, pour l'historien confronté à telle production écrite, quels que soient son genre et l'époque de sa rédaction, les procédures les plus aptes à faire apparaître le sens du texte.

Au titre des réponses possibles, Quentin Skinner récuse aussi bien le genre « biographie intellectuelle » que celui, propre à certains courants de l'histoire des idées, qui consiste à retracer l'histoire de tel ou tel concept à travers les âges. Mais il réfute aussi très explicitement le courant dit de la « déconstruction », issu des travaux

1. J.L. Austin, *Quand dire, c'est faire*, traduction et introduction de Gilles Lane, Paris, Éditions du Seuil, 1970.

2. James Tully (éd.), *Meaning and Context : Quentin Skinner and his Critics*, Cambridge, Polity Press, 1988.

de Jacques Derrida, dont on sait qu'il connaît, depuis le début de cette décennie, un incontestable succès dans nombre d'universités nord-américaines [1].

Comprendre un texte, un texte du passé notamment, relevant plus spécifiquement du corpus des idées politiques, tel est l'objectif central de ce que Quentin Skinner appelle lui-même son « entreprise herméneutique ». Comprendre un texte, c'est, dit-il, empruntant la formule à son ami John Dunn, « retrouver son identité historique » : cela suppose que l'on cherche à savoir ce que ce texte *veut* dire, et cela implique que l'on s'efforce d'identifier comment le sens, qu'un auteur voulait transmettre, a pu être reçu à l'époque où le texte a été produit.

A la manière de nombreux philosophes anglais, Quentin Skinner formule et reformule ses questions, ses objectifs en resserrant à chaque passage ses énoncés, comme s'il s'agissait d'une procédure d'affinement destinée à éliminer toutes les scories qui souilleraient les formulations précédentes, comme s'il s'agissait aussi de parer aux malentendus à venir.

Retenons l'une de ces formulations : « La question essentielle à laquelle on se trouve donc confronté, lorsque l'on étudie un texte, est la suivante : qu'est-ce que l'auteur, en écrivant à l'époque où il écrivait et compte tenu du public auquel il souhaitait s'adresser, pouvait, concrètement, avoir l'intention de communiquer en énonçant ce qu'il énonçait [2] ? » Le choix que nous avons fait de cette formulation n'est évidemment pas fortuit. Celle-ci, mieux sans doute que beaucoup d'autres, présente

1. Quentin Skinner, « A reply to my critics », in James Tully (éd.), *op. cit.*, p. 272, 280-281.

2. Quentin Skinner, « Meaning and understanding in the history of ideas », *ibid.*, p. 63.

deux intérêts. D'une part, elle laisse apparaître, d'emblée, l'un des points essentiels de la polémique qui s'est développée autour des travaux de Quentin Skinner : la question de l'intentionnalité ; d'autre part, elle introduit directement à l'outil philosophique, la méthodologie linguistique, dont Quentin Skinner se sert pour appréhender concrètement les énoncés qui constituent un texte. L'outil en question est la théorie austinienne de l'illocution, dont il faut rappeler ici brièvement les traits essentiels.

On sait qu'initialement, J.L. Austin avait posé une distinction fondamentale entre deux types d'énoncés, l'énoncé *constatif,* purement descriptif, du genre « il pleut », et l'énoncé *performatif,* constitué par l'acte de *faire* quelque chose au moyen d'un *dire :* le « oui » du mariage par exemple.

C'est la prise en considération, par J.L. Austin lui-même, de possibles « échecs » du performatif [1] – cas où l'acte du dire ne se réalise pas, telles une promesse non tenue ou une menace non mise à exécution – qui le conduisit à refondre sa théorie et à distinguer trois niveaux dans l'acte de faire quelque chose au moyen de la parole :

– le niveau de l'acte de *locution,* celui de la production de sons au moyen d'un vocabulaire impliquant le « sens » et la « référence » ;

1. C'est à propos de cette idée d'échec du performatif qu'Émile Benveniste avait été conduit à proposer des corrections, critiques et propositions, à la théorie austinienne de l'illocution (cf. É. Benveniste, « La philosophie analytique et le langage », in *Problèmes de linguistique générale,* tome I, Paris, Gallimard, 1966). On trouvera dans S. Felman (*op. cit.,* p. 23-27) un rappel des « correctifs » proposés par Benveniste. Cette question des échecs possibles du performatif apparaît dans le cadre des critiques adressées à Quentin Skinner, notamment par Joseph Femia et par Keith Graham, mais curieusement, ni l'un ni l'autre ne fait référence à l'intervention de Benveniste qui eut pourtant, en son temps, quelque retentissement. Autre aspect du « malentendu »...

– le niveau de l'acte de l'*illocution,* celui qui est produit en disant quelque chose : il consiste à rendre manifeste comment ce que l'on dit (ou écrit) doit être compris en un moment donné ;

– le niveau enfin de la *perlocution,* qui est produit par le fait de dire quelque chose : l'acte de parole est à ce niveau celui qui donne lieu à des effets sur soi-même ou sur les autres.

Pour J.L. Austin – et c'est dans cette perspective que se situe Quentin Skinner –, l'acte illocutoire constitue le registre principal de la parole, car sa réalisation implique l'existence de *conventions.* En d'autres termes, et selon la définition qu'en donne Shoshana Felman, « l'*acte illocutoire* est la performance de parole étudiée par rapport au contexte de l'interlocution, à la situation concrète et conventionnelle du discours dans laquelle la parole acquiert, au-delà de son sens, une certaine force d'énonciation (force d'avertissement, d'engagement, de supplication, d'ordre, etc.) [1] ».

A partir de ces données théoriques, Quentin Skinner élabore une herméneutique dont la règle générale consiste à retrouver la *force illocutionnaire* d'un texte, c'est-à-dire à la fois ce que l'auteur voulait faire entendre et son degré de réussite. Pour ce faire, on doit tenir compte de ces conventions qui régissent l'inter-discours dans lequel son discours vient prendre place. Le terme de convention désigne, dans ce cadre, les règles idéologiques, c'est-à-dire les croyances, les opinions dominantes, en quelque sorte la doxa d'un temps donné sur la fonction sociale d'un objet, la politique par exemple. Il désigne, aussi, le fonctionnement de cet objet lui-même, ses transformations, ses mouvements qui prennent

1. Shoshana Felman, *op. cit.*, p. 21.

leur sens à être référés aux relations de pouvoir qui définissent une société donnée.

L'herméneutique skinnérienne implique donc que l'on ne se centre pas seulement sur le texte à interpréter, mais aussi sur ces conventions susceptibles de faire apparaître les enjeux du texte. La force illocutoire d'un texte est donc constituée par ce qui fonctionne comme argument de légitimation de conventions existantes. Elle est aussi bien constituée par ce qui, dans ce même texte, agira dans le sens d'une rupture au regard de ces mêmes conventions. En d'autres termes, pour Quentin Skinner, un texte politique doit être lu comme le vecteur d'une stratégie qui ne trouve son véritable sens qu'en référence au contexte conflictuel qui caractérise le moment où il a été produit.

Avant de cerner, s'agissant du texte machiavélien, la valeur de cette herméneutique, il nous paraît important d'évoquer, tout aussi rapidement, la question de l'*intentionnalité*. Elle est intrinsèquement liée à cette notion de *force illocutionnaire* et elle est, de ce fait, plus que toute autre question, au centre de la polémique provoquée par les travaux de Quentin Skinner.

Ses critiques – notamment Keith Graham, Joseph Femia, John Keane et Charles Taylor – contestent l'utilisation qu'il fait de cette notion, certains d'entre eux allant jusqu'à la mettre en cause elle-même. Quentin Skinner s'efforce de répondre en précisant ce que recouvre pour lui l'idée d'intention. Il en distingue divers registres, établissant une différence entre l'intention de faire quelque chose et celle qui se révèle être à l'œuvre dans l'acte de faire – d'écrire – quelque chose. « Je suis essentiellement concerné, écrit Skinner, par le fait que tout ce que l'auteur est en train de faire en écrivant ce qu'il écrit concerne l'interprétation ; par conséquent, il entre dans les devoirs de l'interprète de découvrir ce qu'il en est des intentions de l'auteur lorsqu'il est en train d'écrire ce qu'il écrit [1]. » Ailleurs il précise : « Je ne suis pas du tout concerné par les intentions au sens où cela peut signifier que l'on planifie un acte. Je suis seulement concerné par ce qui se manifeste de l'intention dans l'action [2]... »

De toute évidence, Quentin Skinner défend bien là un « territoire », celui de la *force illocutionnaire,* celui de la dynamique d'un texte dont l'étude doit permettre de faire apparaître aussi bien les visées initiales de l'auteur que ce qui s'en révèle dans l'écriture. L'écart constaté entre ces visées et les « résultats » donne la mesure de l'échec mais aussi du surgissement de l'inattendu.

Quelle que soit l'âpreté de certaines des objections adressées à Quentin Skinner, quelle que soit la subtilité des nuances qu'il introduit pour défendre sa conception de l'intentionnalité et répondre à ses critiques, l'impression demeure d'un débat qui reste en deçà de certaines limites implicites. Lorsque, par exemple, Quentin Skinner établit une distinction entre une conception de l'intention qui met en jeu ce qui se passe en amont de l'action (la planification, le calcul, etc.) et une autre, la sienne, qui cerne l'intention dans l'action elle-même, on est tenté d'aller plus loin et de soutenir l'idée d'une intention qui échapperait à son auteur, aussi bien celle d'un dire que d'un faire qui s'accompliraient à l'*insu* de l'auteur. Mais ce serait là, assurément, une sollicitation extrême de la position skinnérienne. Cela reviendrait à oublier purement et simplement que l'auteur des *Fondements de la pensée politique moderne* récuse explici-

1. James Tully (éd.), *op. cit.*, p. 76.
2. *Ibid.*, p. 263.

tement, alors qu'il est invité par John Keane à y faire retour, toute idée de « mort de l'auteur » ou toute mise en cause de la catégorie de sujet au sens où elles furent proposées et soutenues par Michel Foucault, dans *L'Archéologie du savoir* notamment [1].

S'il est bien clair que la confrontation entre Quentin Skinner et ses critiques porte au fond sur la question du sujet, celle de son statut et non celle de son existence, l'accent mis sur l'intentionnalité nous paraît indiquer nettement que c'est, en fait, l'acception psychologique de la catégorie de sujet, bien plus que sa conception strictement philosophique, qui se trouve là prise en considération. Si tel est bien le cas, si c'est le registre psychologique qui est ainsi le lieu privilégié de la discussion, ce sont les diverses lectures du texte de J.L. Austin – celle de Shoshana Felman que nous avons évoquée et celle, citée par Quentin Skinner, de John R. Searle [2] –, et, au-delà, celle que les uns et les autres font de Wittgenstein, notamment des *Investigations* et de *De la certitude,* que l'on devrait confronter. On toucherait probablement alors à l'une de ces limites dont Gilles Lane avait parfaitement cerné les contours, lorsqu'il écrivait dans la présentation qu'il fit de la version française du livre de J.L. Austin : « Il y a pourtant cette différence notable : le philosophe anglais s'acharnait à

1. *Ibid.,* p. 276 et note 170, p. 338. Quentin Skinner accrédite John Searle comme l'un des « héritiers » authentiques d'Austin. Cela implique de sa part la ratification d'une certaine lecture de Wittgenstein, illustrée notamment par le développement que fait John R. Searle (*Les Actes de langage. Essais de philosophie,* traduit de l'anglais par Hélène Pauchard, Paris, Hermann, 1972), de la métaphore wittgensteinienne du langage et du jeu d'échecs. Searle y réintroduit, sans autre précaution, la notion d'intention, parlant notamment de « soumission intentionnelle » aux règles de ce jeu (p. 80-81). On pourra se reporter à la discussion que mène sur ce point Dominique Lecourt (*L'Ordre et les Jeux, Le positivisme logique en question,* Paris, Grasset, 1981, p. 206).

2. *Ibid.,* p. 262.

tirer de sa langue tout ce qu'elle contient d'*implicite,* alors que les recherches françaises les plus récentes ne semblent vouloir dégager que le contenu *inconscient* du langage [1]. » Or, force est de remarquer l'absence, dans cette discussion sur l'intentionnalité, de toute référence tant à Freud qu'à Lacan sous la plume de Quentin Skinner aussi bien que sous celle de ses éminents critiques.

Aller au-delà de ce constat signifierait que l'on s'engage dans un autre registre de la discussion. Un tel débat ne nous conduirait-il pas à ajouter un chapitre supplémentaire à la chronique de ces « rendez-vous manqués » que nous évoquions précédemment ? Cela serait d'autant plus préjudiciable que le livre de Quentin Skinner sur Machiavel nous semble constituer une manière résolument nouvelle d'introduire à cette pensée obstinément « étrangère » que constituent les démarches philosophiques et historiques anglaises. Rompant avec les discussions abstraites sur des principes généraux, Skinner nous permet de voir concrètement ces grands principes à l'œuvre dans le texte machiavélien.

Que *fait* Machiavel quand il écrit ce qu'il écrit en 1513 et dans les années qui suivent ? Quelles en seront les conséquences sur les conventions qui régissent le fonctionnement des pratiques politiques ? D'où vient qu'il écrit ce qu'il écrit ? De quel contexte est-il l'héritier ? Telles sont quelques-unes des questions qui structurent la lecture de Machiavel par Skinner. La question ne se pose donc pas pour lui de savoir si Machiavel est, ou n'est pas, l'inventeur de la théorie politique moderne. Si tel est le cas – à supposer que

1. J.L. Austin, *op. cit.*, p. 14.

cette formulation abrupte ait un sens –, ce n'est pas une proclamation liminaire qui l'établira, mais l'interprétation du texte, sa réinsertion dans son contexte, la lecture des énoncés qui le constituent, et dont il conviendra de faire apparaître le sens, tactique ou stratégique, en sachant qu'ils sont commandés par un horizon politique conjoncturel précis.

Reconstituant avec une rigueur exemplaire le contexte culturel de l'époque, Quentin Skinner précise d'abord ce que fut la formation intellectuelle du jeune Machiavel. Il met en évidence les moments importants de cette formation et l'orientation philosophique, d'inspiration essentiellement latine, qui les gouvernait. Il fait ressortir que Machiavel est l'héritier de cette tradition philosophique soucieuse de fixer les règles éthiques de l'action politique. Mais dans le même temps, Quentin Skinner démontre comment, et sur quels points, Machiavel en vient à rompre avec cette perspective.

Les marques de cet héritage sont perceptibles jusque dans la forme du *Prince,* « opuscule » qui donne à entendre, par le moyen d'exposés orthodoxes, l'essentiel des impératifs alors en vigueur en matière d'action politique. Les ruptures s'inscrivent à l'intérieur de cette forme classique : loin de la contester frontalement, Machiavel, sacrifiant à l'essentiel des conventions qui la constituent, s'en sert pour, brutalement, soutenir une thèse radicalement opposée à ce qu'il semblait avoir ratifié jusque-là. Il le fait chaque fois à propos d'une question précise qui, dans l'après-coup, apparaît comme une sorte de maillon faible. Quentin Skinner souligne avec force que ces ruptures, ces « mouvements textuels », d'une brutalité parfois inouïe, sont commandés de longue date par l'expérience de Machiavel. Cette expérience est constituée par sa pratique active de la politique, par la fréquentation et l'observation qu'il a pu faire de la conduite des « grands », notamment dans les moments de crise, et par sa connaissance extraordinaire de la conjoncture politique de son temps. C'est du reste cette connaissance aiguë d'une conjoncture particulièrement sombre qui explique la tonalité pessimiste de la plupart des textes machiavéliens : plus de trois siècles séparent encore cette terre italienne que parcourt Machiavel de l'avènement de son unité politique à laquelle rêve le jeune secrétaire.

L'originalité de cette lecture apparaît de la même manière lorsqu'on aborde la question du « machiavélisme ». L'étude de cette « représentation » de l'œuvre machiavélienne, l'analyse des nombreuses lectures de Machiavel à travers les siècles, l'observation du devenir du nom même de Machiavel, tout cela a fait l'objet de travaux aujourd'hui incontournables, à commencer par ceux de Claude Lefort, sans oublier les apports d'auteurs tels que Giuliano Procacci ou Felix Raab. L'approche de Quentin Skinner est différente. Elle consiste à identifier, dans tel ou tel passage du texte, dans les ruptures surprenantes qu'il engendre, dans ce qui s'y manifeste comme recours à la satire ou à l'ironie, la définition d'une conception qui récuse les conventions en vigueur. Il s'agit donc de montrer comment une telle politique de rupture a pu constituer les racines du scandale et de l'opprobre à venir.

Un exemple, parmi bien d'autres, peut nous servir à illustrer cette démarche machiavélienne, mais aussi la méthode skinnérienne qui la met en évidence. Dans le chapitre 15 du *Prince,* l'un des chapitres clés de l'ouvrage, Machiavel énonce sans ambages l'un des préceptes qui ont largement contribué à sa réputation scandaleuse. Il écrit : « Aussi est-il nécessaire à un prince, s'il veut se maintenir, d'apprendre à pouvoir n'être pas bon. » Skinner commence par faire remarquer que bien des commentateurs se sont interrogés sur ce que Machiavel pouvait avoir en tête lorsqu'il énonçait ce genre d'affirmation non conformiste. Vouloir répondre à cette question suppose, écrit Skinner, que l'on se soit demandé au préalable ce que Machiavel était en train d'*accomplir* en énonçant un tel propos. Il note que, pour un auteur aussi averti que Félix Gilbert, il semble évident que Machiavel a voulu « consciemment réfuter la position de ses prédécesseurs [1] ». Mais il pose que pour se prononcer sur cette hypothèse, il faut préalablement s'être interrogé sur la force illocutionnaire du texte machiavélien en cet endroit, c'est-à-dire avoir identifié l'intention qui s'y manifeste. Par « intention », Quentin Skinner n'entend pas désigner l'intention de Machiavel lui-même en cet énoncé particulier, car cela reviendrait à attribuer à l'auteur, comme l'ont fait de nombreux lecteurs, une volonté de choquer ou de marquer quelque dépit eu égard à l'emprise des conceptions idéalistes alors dominantes en matière politique. Il veut, au contraire, indiquer l'intention constituée *par* le texte lui-même en tant qu'il est *action,* mouvement stratégique susceptible d'avoir un effet politique ou de provoquer une transformation idéologique. Dans ce cas, la force illocutionnaire du texte tient au fait que l'énoncé précédemment cité de Machiavel peut être appréhendé comme l'arête vive d'une action politique plus ample dont l'enjeu est la mise en cause, la réfutation d'un précepte moral tellement ancré dans les croyances et les mentalités de l'époque qu'il apparaît à tous comme « naturel » et « éternel ».

1. James Tully (éd.), *op. cit.*, p. 86.

A plus d'un titre, c'est donc un Machiavel peu connu, sinon inconnu, que Quentin Skinner fait apparaître. Un Machiavel qui ne correspond guère aux portraits stéréotypés que l'on donne encore trop souvent de lui. Expert en matière d'action politique, le Machiavel que nous présente Skinner n'est pourtant pas ce malin génie censé se jouer de tous ! S'il possède un quelconque savoir, il le tient de son expérience des situations les plus difficiles, voire les plus humiliantes, et de sa capacité à en tirer des leçons. Philosophe révolutionnaire qui place la liberté et le bien public au-dessus de toutes les valeurs, ce Machiavel-là n'est dupe de rien ni de personne, et surtout pas de ceux qui croient pouvoir respecter une telle éthique sans en acquitter le prix. Enfin, le Machiavel de Quentin Skinner est aussi un historien malicieux que son patriotisme empêche de verser dans l'hagiographie, un historien qui, pour prendre parfois un peu de liberté avec les faits, ne les soumet jamais pour autant aux exigences du pouvoir, quel qu'il soit.

Cette lecture de Machiavel, la philosophie qui la soustend, l'érudition dont elle témoigne et l'éclairage qu'elle projette sur la richesse des études machiavéliennes en Angleterre, aux États-Unis ou en Italie, tout cela atteste du sérieux avec lequel le secrétaire et son œuvre sont étudiés par les philosophes et les historiens de ces divers pays. Oserons-nous dire que cet état des lieux offre quelque contraste avec celui, plutôt terne, que l'on peut faire en France ? Que l'on considère un instant l'état de l'édition française de Machiavel et l'on sera édifié : les œuvres complètes n'existent pas, non plus que les traductions contemporaines des textes principaux – seul *Le Prince* a fait l'objet de plusieurs traductions récentes –, la *Correspondance* n'a pas été rééditée, les essais originaux et les traductions d'essais étrangers demeurent rares [1].

Il y a quelques années, un quotidien parisien consacra une page à l'état des études machiavéliennes [2]. L'auteur de l'article y saluait quelques publications récentes, et faisait le point de la situation. A l'en croire, l'époque était révolue où l'on faisait de Machiavel, à la manière de Leo Strauss, un « professeur du mal ». L'heure était venue de prendre Machiavel au sérieux, de se confronter à l'énigme de son œuvre, en suivant pour cela la voie ouverte par l'incomparable travail de Claude Lefort [3].

Si l'œuvre de Claude Lefort sur Machiavel constitue bien, en effet, ce formidable creuset d'idées à même de stimuler tous ceux qui souhaiteraient poursuivre l'exploration des mystères que recèle encore le texte de Machiavel, force est de constater qu'à ce jour, les amateurs n'ont guère été nombreux. Bien que différent en plus d'un point, le livre de Quentin Skinner nous paraît posséder une force d'incitation comparable : conduirait-elle à faire lire – ou relire – l'« interprétation exemplaire »

1. Certains des essais majeurs consacrés à Machiavel, qu'il s'agisse des travaux de John Pocock ou du livre de Felix Raab (*The English Face of Machiavelli. A changing Interpretation 1500-1700,* Londres-Toronto, 1964) pour la langue anglaise, de ceux de Giuliano Procacci (*Studi sulla Fortuna del Machiavelli,* Rome, 1965) ou de Gennaro Sasso, pour l'italien, n'ont jamais été traduits. La traduction française de la biographie de Machiavel par Roberto Ridolfi, unanimement considérée comme la meilleure au monde, est depuis longtemps épuisée et n'a pas été rééditée.

2. Pascale Werner, « Le Prince qu'on ressort », *Libération,* 4/7/1986.

3. Principalement, *Le Travail de l'œuvre Machiavel,* Paris, Gallimard, 1972. D'autres articles de Claude Lefort concernant Machiavel figurent dans son recueil *Les Formes de l'histoire,* Paris, Gallimard, 1978. Claude Lefort a, en outre, préfacé la réédition de la traduction de Toussaint Guiraudet des *Discours sur la première décade de Tite-Live,* parue, en 1980, aux éditions Berger-Levrault, et republiée dans la collection « Champs », aux éditions Flammarion, en 1985.

de Claude Lefort, que ce serait déjà un résultat non négligeable.

Prétendre que le nom de Machiavel n'est plus synonyme de mal serait faire preuve de beaucoup d'optimisme. Il serait à coup sûr désobligeant de dresser ici la liste des chroniqueurs et éditorialistes de tous bords qui, au jour le jour, au gré des événements politiques nationaux et internationaux, invoquent le nom de Machiavel pour lui attribuer des conceptions politiques, des stratégies et des tactiques que le lecteur attentif aurait bien de la peine à retrouver dans son texte. De même, mieux vaut passer sous silence la légèreté de ton qui caractérise plus d'un texte récent censé présenter la vie et l'œuvre du secrétaire.

On peut s'interroger sur les raisons de cette carence éditoriale, de cette tiédeur intellectuelle et de ce recours toujours aussi prompt aux vieux clichés de l'*anti-Machiavel*. Nous en retiendrons deux. La première réside dans la faiblesse chronique de la philosophie politique en France, la seconde a trait à la place de la politique dans la réflexion intellectuelle française.

Durant des décennies, en effet, la politique n'a pu constituer un objet de réflexion théorique pour la grande majorité des intellectuels français que dans la mesure où elle était simultanément objet de passions et de luttes pouvant aller parfois jusqu'à la mort. La réflexion était alors commandée par l'engagement ; la prise de parti et l'anathème avaient le plus souvent valeur d'argument. Puis, avec une rapidité sur laquelle il faudra bien un jour se pencher pour tenter d'en comprendre les ressorts, les choses ont changé du tout au tout. Pour user d'un terme que John Pocock a brillamment théorisé, on peut dire que le « moment » de la passion a fait place à celui du rejet. Aujourd'hui, peu de voix s'abstiennent de célébrer sur l'autel de la patrie la venue du temps béni de la consensualité et de la... fin de la politique.

Il y aurait certainement quelque prétention et beaucoup de naïveté à vouloir soutenir maintenant un discours de « réhabilitation » de la politique. Il reste cependant possible de se demander quel est le prix de cette volonté d'ignorer la politique, au point d'en prédire tous les jours ou presque la fin. Par-delà les modes idéologiques, peut-être est-il temps de reconnaître, à l'instar du Machiavel que Quentin Skinner nous invite à rencontrer, le caractère indépassable des divisions sociales et leur fonction dynamisante pour une société. Peut-être est-il temps aussi d'admettre qu'il est inhérent à l'éthique de la politique d'être en contradiction avec la morale individuelle. On pourrait même aller jusqu'à se demander si la ligne de démarcation entre cette attitude et celle qui décrète la fin de la politique ne trouve pas à se définir par la dimension freudienne du principe de plaisir. C'est ainsi, en tout cas, qu'il nous semble possible d'entendre cette ferme mise au point de Machiavel au beau milieu du *Prince :* « Et beaucoup se sont imaginé des républiques et monarchies qui n'ont jamais été vues ni connues pour vraies. En effet, il y a si loin de la façon dont on vit à celle dont on devrait vivre, que celui qui laisse ce qui se fait pour ce qui se devrait faire apprend plutôt à se détruire qu'à se préserver... »

M. P.
Février 1989

Œuvres de Machiavel citées dans le texte

Nous donnons ici, après l'indication des éditions anglaises et italiennes auxquelles Quentin Skinner s'est référé, les références des éditions françaises et italiennes auxquelles nous avons eu recours.

The Art of War, in *Machiavelli : The Chief Works and Others,* traduit par A. Gilbert, Durham, North Carolina, 1965, 3 volumes, p. 561-726.

Ghiribizzi, in R. Ridolfi et P. Ghiglieri, « I Ghiribizzi al Soderini », *La Bibliofilia,* 72, 1970, p. 71-74.

Lettere, présentation par F. Gaeta, Milan, Feltrinelli, 1961.

Discourses on the first Decade of Titus Livius, in *Machiavelli...,* traduit par A. Gilbert, *op. cit.,* p. 175-529.

The History of Florence, in *Machiavelli...,* traduit par A. Gilbert, *op. cit.,* p. 1025-1435.

Legazioni e Commissarie, présentation par S. Bertelli, Milan, Feltrinelli, 1964, 3 volumes.

The Life of Castruccio Castracani of Lucca, in *Machiavelli...,* traduit par A. Gilbert, p. 533-559.

The Prince, in *Machiavelli...,* traduit par A. Gilbert, p. 5-96.

A Provision for Infantery, in *Machiavelli...,* traduit par A. Gilbert, p. 3.

MACHIAVEL

L'Art de la guerre, in *Machiavel, Œuvres complètes,* présentation par Éd. Barincou, traduit par Toussaint Guiraudet (1798), préface de Jean Giono, Paris, Gallimard, collection « La Pléiade », 1952, p. 723-910.

Toutes les Lettres *de Machiavel,* traduit par Toussaint Guiraudet, présentation par Éd. Barincou, préface de J. Giono, Paris, Gallimard, 1955, 2 volumes.

Discours sur la Première Décade *de Tite-Live,* in *Machiavel, Œuvres complètes, op. cit.,* traduit par Toussaint Guiraudet, p. 375-719.

Histoires florentines, in *Machiavel, Œuvres complètes, op. cit.,* traduit par Toussaint Guiraudet, p. 943-1420.

La Vie de Castruccio Castracani da Lucca, in *Machiavel, Œuvres complètes, op. cit.,* traduit par Dreux du Radier (1753), p. 913-940.

Le Prince, traduit et présenté par Yves Lévy, Paris, Garnier-Flammarion, 1980.

Le Prince, in *Machiavel, Œuvres complètes,* édition bilingue de Christian Bec, Paris, Garnier, 1987, volume 1, p. 255-443.

Décrets de la République de Florence pour instituer la magistrature des neuf officiers de l'Ordonnance et Milice florentines dictés par Nicolas Machiavel, in *Toutes les* Lettres *de Machiavel, op. cit.,* vol. 2, 74-77.

Il Principe e Discorsi, introduction par G. Procacci, présentation par S. Bertelli, Milan, Feltrinelli, 1960.

Arte delle guerra e Scritti politici minori, présentation par S. Bertelli, Milan, Feltrinelli, 1961.

Lettere, présentation par F. Gaeta, Milan, Feltrinelli, 1961.

Note concernant les sources

Voici la liste des ouvrages, autres que ceux de Machiavel, cités dans le texte. Quentin Skinner donne là, bien évidemment, les éditions anglaises ou italiennes qu'il a utilisées. Je donne entre parenthèses la référence des éditions françaises, lorsqu'elles existent, auxquelles je me suis référé *(NdT).*

Bacon, *The Advancement of Learning,* édité par G. Kitchen, Londres, 1973.

Boethius. Toutes les citations sont extraites de *The Consolation of Philosophy (Philosophiae consolationis),* traduit par S. Tester, Londres, 1973. (*La Consolation philosophique,* traduit du latin par Louis Judicis de Mirandole, Paris, Éditions de la Maisnie, 1981 ; reproduit en fac-similé, Paris, Hachette, 1961.)

Bracciolini, *A History of the Florentine People (Historiae florentini populi),* in *Opera omnia,* édité par R. Fubini, Turin, 1964, 4 volumes, vol. II.

Cicéron. Toutes les citations sont extraites de *On Moral Obligation (De officiis),* traduit par W. Miller, Londres, 1913. (*Des devoirs,* traduit par Ch. Appuhn, Paris, Garnier-Flammarion, 1967).

Giovio, *Maxims Placed next to the True Likenesses of Famous Men (Elogia veris clarorum virorum imaginibus apposita),* Venise, 1546.

Guicciardini, *Considerations on the* Discourses *of Machiavelli,* in *Select Writings,* traduit et édité par C. et M. Grayson, Londres, 1965.

Landucci, *A Florentine Diary from 1450 to 1516,* traduit par A. Jervis, Londres, 1927.

Tite-Live, *The History (Ab urbe condita),* traduit par B. Foster *et al.,* Londres, 1919-1959, 14 volumes (*Histoire romaine,* traduit par J. Bayet et G. Baillet, Paris, Les Belles Lettres, 1961-1966).

Bernardo Machiavelli, *Diary (Libro di ricordi),* édité par C. Olschki, Florence, 1954.

Piccolomini, *A Dream of Fortune (Somnium de Fortuna),* in *Opera omnia,* Basle, 1551.

Pontano, *The Prince (De principe),* in *Prosatori latini del quattrocento,* édité par E. Garin, Milan, non daté.

Salluste, *The War with Catiline,* in *Sallust,* traduit par J. Rolfe, Londres, 1931, et *The War with Jugurtha,* in *Sallust,* traduit par J. Rolfe (*La Conjuration de Catilina,* et *La Guerre de Jugurtha,* traduit par A. Ernout, Paris, Les Belles Lettres, 1967).

Sénèque, *The Epistles (Ad Lucilium epistulae morales),* traduit par R. Gummere, 3 volumes, Londres, 1917-1925, et *On Mercy (De clementia),* traduit par J. Basore, Londres, 1928 (*Lettres à Lucilius,* traduit par F. Prichac et A. Novara, Paris, Les Belles Lettres, 1959-1967, et *De la clémence,* traduit par F. Prichac, Paris, Les Belles Lettres, 1961).

Strauss, *Thoughts on Machiavelli,* Glencoe, 1958 (*Pensées sur Machiavel,* traduit par M.P. Edmond et Th. Stern, présenté par M.P. Edmond, Paris, Payot, 1982).

Whitfield, *Machiavelli,* Oxford, 1947.

Bibliographie complémentaire

Bibliographie

Il existe plusieurs excellentes études de la littérature machiavélienne contemporaine : E. Cochrane, « Machiavelli : 1940-1960 », *Journal of Modern History,* 33 (1961), p. 113-136 ; C. Goffis, « Gli studi machiavelliani nell'ultimo ventennio », *Cultura e Scuola,* 33-34 (1970), p. 34-55 ; F. Gilbert, « Machiavelli in Modern Historical Scholarship », *Machiavelli nel V centenario della nascita,* Bologne, Biblioteca di cultura, 2, 1973, p. 155-171 ; et J. Geerken, « Machiavelli Studies since 1969 », *Journal of the History of Ideas,* 37 (1976), p. 351-368.

Biographies

R. Ridolfi, *The Life of Niccolo Machiavelli,* traduit par C. Grayson (Londres, 1963), est l'ouvrage de référence [1]. Pour une présentation plus concise, on pourra consulter l'ouvrage

1. Il y en eut une traduction française aux éditions Fayard en 1960. Elle est aujourd'hui épuisée, et les diverses biographies existant actuellement en français ne l'ont pas remplacée *(NdT).*

de J. Hale, *Machiavelli and Renaissance Italy* (Londres, 1961), qui est plus spécialement consacré à la carrière diplomatique de Machiavel. Sur ce point, on pourra aussi consulter F. Chabod, « Il Segretario fiorentino », in *Opere di Federico Chabod,* vol. I : *Scritti su Machiavelli* (Turin, 1964), p. 241-368.

Il faut tenir compte également de plusieurs découvertes biographiques récentes. F. Gilbert (*Machiavelli and Guicciardini,* Princeton, N.J., 1965, p. 318-322) fournit des informations nouvelles et importantes (auxquelles je me suis référé dans le chapitre 1) concernant les fondements humanistes de l'éducation de Machiavel. Sur cette question, on pourra également consulter S. Bertelli et F. Gaeta, « Noterelle machiavelliane », *Rivista storica italiana,* 73 (1961), p. 544-557. Concernant la période dite des « années silencieuses », c'est-à-dire la période située avant l'année 1498, D. Maffei, *Il Giovane Machiavelli, banchiere con Berto Berti a Roma* (Florence, 1973), a avancé l'idée assez surprenante qu'à l'âge de dix-huit ans Machiavel aurait travaillé dans une banque à Rome, qu'il serait devenu caissier en 1493 et qu'il aurait conservé cet emploi jusqu'à son engagement à la chancellerie. Mais M. Martelli a démontré dans « L'Altro Niccolo di Bernardo Machiavelli », *Rinascimento,* 14 (1974), p. 39-100, que les documents dont Maffei fait état concernent en fait un autre Niccolo Machiavelli. Concernant l'entrée de Machiavel à la chancellerie, ainsi que la nature des charges qui furent alors les siennes, l'étude de référence est celle de N. Rubinstein, « The beginnings of Niccolo Machiavelli career in the Florentine chancery », *Italian Studies,* 11 (1956), p. 72-91. Mais on pourra également se reporter au travail de R. Black, « Florentine Political Traditions and Machiavelli's Election to the Chancery », *Italian Studies,* 40 (1985), p. 1-16. Les dépêches que Machiavel envoie depuis la cour impériale au cours de l'année 1508 ont été examinées il y a peu de temps, avec une rare minutie, par R. Jones. Voir « Some Observations on the Relations between Francesco Vettori and Niccolo Machiavelli during the Embassy to Maximilian I », *Italian Studies,* 23

(1968), p. 93-113. Cet article établit bien que tous les rapports ne furent pas écrits par Machiavel ainsi qu'on l'avait d'abord pensé, et que beaucoup furent écrits conjointement par Machiavel et Vettori. (Dans le livre, je me suis référé exclusivement à ceux qui ont été reconnus comme étant de la main de Machiavel.) Sur les relations que Machiavel entretint avec le cercle des *Orti oricellari* après son bannissement de 1512, il existe deux études importantes : D. Cantimori, « Rhetoric and Politics in Italian humanism », *Journal of the Warburg Institute,* I (1937-1938), p. 83-102 ; et F. Gilbert, « Bernardo Rucellai and the *Orti oricellari :* a Study on the Origin of Modern Political Thought », dans son *History : Choice and Commitment* (Londres, 1977), p. 215-246. Enfin, on a pu montrer récemment que les lettres décrivant la conversion de Machiavel sur son lit de mort n'étaient que des faux datant de la fin du XVIIIe siècle. Cf. R. Ridolfi, « La mancata conversione del Machiavelli », *Archivo storico italiano,* 127 (1969), p. 383-395, et E. Levi, « Nota su di un falso Machiavelliano », *Pensiero politico,* 2 (16), p. 459-463.

Le contexte historique

Pour une introduction générale ouvrant à la connaissance de Florence au XVe siècle, on se reportera à G. Brucker, *Renaissance Florence* (Londres, 1969). S'agissant de l'ascension des Médicis, l'ouvrage de référence est celui de N. Rubinstein, *The Government of Florence under the Medici 1434-1494* (Oxford, 1966). On trouvera des informations concernant la période où Machiavel entre en fonction dans l'ouvrage de H.C. Butters, *Governors and Government in Early Sixteenth-Century Florence, 1502-1519* (Oxford, 1985). Pour l'ensemble de l'histoire des Médicis on consultera J. Hale, *Florence and the Medici* (Londres, 1977). Sur la question des attitudes gouvernementales concernant la guerre durant cette période, on se reportera à C. Bayley, *War and Society in Renaissance Florence* (Toronto, 1961), et à M. Mallett, *Mercenaries and their Masters* (Londres, 1974). Pour ce qui est des invasions « barbares » après 1494, l'apport de Francesco Guicciardini dans *The History of Italy,* traduit par S. Alexander (Londres, 1969), demeure irremplaçable. Enfin, sur le retour des Médicis, on pourra se reporter au livre de J.N. Stephens, *The Fall of the Florentine Republic 1512-1530* (Oxford, 1983).

Le contexte intellectuel

L'ouvrage majeur sur ce sujet demeure celui de J. Burckhardt, *The Civilisation of the Renaissance in Italy,* traduit par S. Middlemore (Londres, 1960). Tout aussi indispensables sont les essais réunis par P. Kristeller, *Renaissance Thought,* 2 volumes (New York, 1961-1965). L'analyse la plus complète et la plus récente du contexte intellectuel de cette époque est désormais celle qu'offre *The Cambridge History of Renaissance Philosophy* (Charles B. Schmitt and Quentin Skinner éds.), Cambridge, 1988. Pour ce qui est de l'ensemble du contexte humaniste de la pensée de Machiavel, on lira F. Gilbert « The Humanist Concept of the Prince and *The Prince* of Machiavelli », dans son *History : Choice and Commitment, op. cit.,* 1977, p. 91-114 ; on pourra aussi se reporter à J. Seigel, *Rhetoric and Philosophy in Renaissance Humanism* (Princeton, N.J., 1968), et à Q. Skinner, *The Foundations of Modern Political Thought,* Cambridge, 1978, 2 volumes. Sur le développement de l'humanisme florentin au XVe siècle, l'ouvrage clé est celui de H. Baron, *The Crisis of the Early Italian Renaissance,* deuxième édition (Princeton, N.J., 1966). On pourra aussi consulter E. Garin, « I Cancellieri umanisti della Repubblica fiorentina da Coluccio Salutati a Bartolomeo Scala », *Rivista Storica Italiana,* 71 (1959), p. 185-

208, et, du même auteur, *Italian Humanism,* traduit par P. Munz (Oxford, 1965). Sur les conceptions humanistes de l'histoire et sur l'historiographie humaniste, on lira D. Wilcox, *The Development of Florentine Humanist Historiography in the Fifteenth Century* (Cambridge, Mass., 1969), et L. Green, *Chronicle into History* (Cambridge, 1972). F. Gilbert met en évidence les rapports entre ce contexte intellectuel et les *Histoires florentines* de Machiavel, dans « Machiavelli's *Istorie Fiorentine :* An Essay in Interpretation », dans *History : Choice and Commitment* (*op. cit.,* 1977, p. 135-153), travail auquel je me suis très largement référé pour mon analyse du chapitre 4.

Sur la pensée politique de Machiavel

Machiavelli and Guicciardini (Princeton, N.J., 1965) de F. Gilbert est un ouvrage incontournable. Le livre de J. Pocock, *The Machiavellian Moment* (Princeton, N.J., 1975), constitue une autre contribution importante s'agissant spécialement des *Discours.* G. Sasso, *Niccolò Machiavelli : storia del suo pensiero politico* (Naples, 1958) nous donne le déroulement chronologique des idées de Machiavel le plus complet qui soit, mais n'inclut malheureusement pas les *Histoires.* Pour un survol plus rapide de cette question on pourra se reporter à J. Whitfield, *Machiavelli* (Oxford, 1947), également à S. Anglo, *Machiavelli : a Dissection* (Londres, 1969) ; voir aussi l'important recueil d'essais que l'on doit à C. Dionisotti, *Machiavellerie* (Turin, 1980). I. Berlin, « The Originality of Machiavelli », in *Against The Current,* présenté par H. Hardy (Londres, 1979), p. 25-79, analyse la moralité de la politique machiavélienne. Pour un point de vue complètement opposé, on se reportera au livre de L. Strauss (*op. cit.,* 1958 ; 1982 pour la traduction française).

La datation de plusieurs des œuvres de Machiavel demeure un sujet de controverse entre spécialistes. Pour ce qui est du *Prince,* je suis d'accord pour dire qu'il fut probablement commencé et achevé durant la seconde partie de l'année 1513. Cela a été établi il y a déjà un certain temps par F. Chabod, « Sulla composizione de *Il Principe* di Niccolò Machiavelli » que l'on trouve dans *Opere,* vol. I, p. 137-193. Concernant les *Discours,* je suis de ceux qui considèrent que Machiavel n'en commença pas la rédaction avant d'avoir terminé *Le Prince,* qu'il y fut probablement poussé par le groupe des *Orti oricellari,* et qu'il les acheva avant 1519. Ces conceptions ont été défendues par H. Baron dans un article important, « Machiavelli : the Republican Citizen and the Author of " The Prince " », *English Historical Review,* 76 (1961), p. 217-253. S'agissant de *La Mandragore,* je me rallie à l'opinion de R. Ridolfi, « Composizione, rappresentazione e prima edizione della *Mandragola* », *La Bibliofilia,* 64 (1962), p. 285-300 ; Ridolfi retient le début de 1518 comme date de la composition de la pièce. Cependant les chansons furent définitivement ajoutées en 1526, et S. Bertelli, dans « When did Machiavelli Write *Mandragola ?* », *Renaissance Quarterly,* 24 (1971), p. 317-326, a suggéré qu'une partie du texte avait pu être ébauchée dès 1504. Enfin, s'agissant des « Fantaisies » de Machiavel, deux mises au point indiscutables ont été établies. On considérait, il y a encore peu de temps, que Machiavel avait adressé cette lettre au dernier gonfalonier Piero Soderini en janvier 1513 [1]. Mais R. Ridolfi et P. Ghiglieri, « *I Ghiribizzi* al Soderini », *La Bibliofilia,* 72 (1970), p. 53-74, ont montré que la véritable date était septembre 1506, tandis que de son côté, M. Martelli, « *I Ghiribizzi* a Giovan Battista Soderini » *Rinascimento,* 9 (1969), p. 147-180, a établi que le véritable destinataire de cette lettre était Giovan Soderini, le neveu du gonfalonier.

1. Ce dont témoigne la version française (L. II, 327), à laquelle je me suis référé au cours de cette traduction. Cette lettre y est donnée comme adressée à Piero Soderini, elle ne fait l'objet d'aucun commentaire particulier, et l'appellation de « Fantaisies » *(Ghiribizi)* donnée par Machiavel lui-même n'y figure pas *(NdT).*

BIBLIOGRAPHIE COMPLÉMENTAIRE

Beaucoup de recherches récentes se sont attachées à étudier le vocabulaire politique de Machiavel. Son concept de liberté a notamment été étudié par M. Colish, « The Idea of Liberty in Machiavelli », *Journal of the History of Ideas,* 32 (1971), p. 323-350. Voir aussi Quentin Skinner, « Machiavelli on the Maintenance of Liberty », *Politics,* 18 (1983), p. 3-15. Pour le concept de gloire, on pourra se reporter à R. Price, « The Theme of *Gloria* in Machiavelli », *Renaissance Quarterly,* 30 (1977), p. 588-631, et à V. Santi, « *Fama* e *Laude* distinte da *Gloria* in Machiavelli », *Forum italicum,* 12 (1978), p. 206-215. Les conceptions machiavéliennes de la Fortune ont été étudiées notamment par T. Flanagan, « The Concept of *Fortuna* in Machiavelli », in *The Political Calculus,* présenté par A. Parel (Toronto, 1972), p. 127-156, et H. Pitkin, *Fortune is a woman* (Berkeley, 1984). A ces deux apports, il faut ajouter l'important article, plus général, de R. Wittkower, « Chance, Time and Virtue », *Journal of the Warburg Institute,* I (1937-1938), p. 313-321. Sur la question des *Lois,* on pourra se référer à J. H. Whitfield, « On Machiavelli's use of *Ordini* », in *Discourses on Machiavelli* (Cambridge, 1969), p. 141-162. Dernier point, le concept central de *virtù ;* on lira à son sujet les études de I. Hannaford, « Machiavelli's Concept of *Virtù* in *The Prince* and *The Discourses* Reconsidered », *Political Studies,* 20 (1972), p. 185-189 ; de J.H. Hexter, « The Loom of Language and the Fabric of Imperatives : the Case of *Il principe* and Utopia », in *The Vision of Politics on the Eve of the Reformation* (Londres, 1973), p. 179-203 ; de G. Paparelli, « Virtù e Fortuna nel medioevo nel rinascimento e in Machiavelli », *Cultura e Scuola,* 33-34 (1970), p. 76-89 ; de R. Price, « The Senses of *Virtù* in Machiavelli », *European Studies Review,* 3 (1973), p. 315-345 ; et enfin, de N. Wood, « Machiavelli's Concept of *Virtù* Reconsidered », *Political Studies,* 15 (1967), p. 159-172.

Index

Table

CET OUVRAGE A ÉTÉ COMPOSÉ ET ACHEVÉ D'IMPRIMER
PAR L'IMPRIMERIE FLOCH À MAYENNE
DÉPÔT LÉGAL : SEPTEMBRE 1989. N° 10829 (28008)